W0387001

Compter sur soi

DU MÊME AUTEUR
AUX ÉDITIONS ALLIA

La Nature

RALPH WALDO EMERSON

Compter sur soi

SELF-RELIANCE

Traduit de l'anglais par
STÉPHANE THOMAS

IDEM • VELLE
AC • IDEM • NOLLE

ÉDITIONS ALLIA
16, RUE CHARLEMAGNE, PARIS IVe
2019

TITRE ORIGINAL

Self-Reliance

Le présent essai a paru pour la première fois en 1841 dans le volume *Essays* (Boston, James Munroe), dont une édition révisée a vu le jour en 1847, sous le titre *Essays, First Series*. C'est cette seconde version qui est traduite ici.
Images de couverture d'après Eadweard Muybridge, *Athletes*, vers 1881.
© Éditions Allia, Paris, 2018, 2019.

Ne te quaesiveris extra.[1]

L'homme est sa propre étoile ; et l'âme, qui peut
Nous rendre justes et parfaits,
Commande toute lumière, toute influence, toute destinée ;
Rien ne nous advient trop tôt ou trop tard.
Nos actes sont nos anges, bons ou mauvais,
Nos ombres fatales, qui nous suivent sans bruit.
Beaumont et Fletcher,
The Honest Man's Fortune, épilogue

Jetez le petit de l'homme sur les rochers,
Allaitez-le à la mamelle de la louve,
Qu'il hiverne avec le faucon et le renard,
Que mains et pieds soient puissance et vitesse.[2]

1. "Ne te cherche pas hors de toi." Perse, *Satires*, I, 7. Dans un poème de 1831 (*Gnothi Seauton*), Emerson écrivait : "Et puisque l'âme des choses est en toi, / Tu n'as besoin de rien en dehors de toi." (Toutes les notes sont du traducteur).
2. Quatrain d'Emerson, intitulé *Power,* repris dans *May-Day and Other Pieces* (1867).

JE LISAIS l'autre jour des vers hors du commun, loin du convenu, écrits par un peintre éminent[1]. L'âme entend toujours un avertissement dans de tels vers, quel qu'en soit le sujet. Le sentiment qu'ils inspirent importe plus que ce qu'ils disent. Croire à sa propre pensée, croire que ce qui est vrai pour soi dans le fond de son cœur est vrai pour tous les hommes – voilà le génie. Dites ce que vous pensez vraiment, et tout le monde s'y reconnaîtra; car l'intime finit par devenir l'universel, – et notre pensée première nous est renvoyée par les trompettes du Jugement dernier. Aussi proches soient-ils de la voix de l'esprit, le plus grand mérite que nous reconnaissions à Moïse, Platon et Milton, c'est de

1. Le 20 septembre 1837, Emerson notait dans son journal: "J'ai lu ce matin quelques vers écrits par M. Allston à Mme Jameson au sujet du *Journal d'une Ennuyée*, remarquables, et qui viennent tous de son propre fonds, originaux, sans rien de conventionnel. Et toujours nous entendons un avertissement sublime dans de tels vers." Washington Allston (1779-1843): peintre américain, poète et auteur de conférences sur l'art. *The Diary of an Ennuyée* (1826) d'Anna Jameson (1794-1860) relate le voyage d'une Anglaise sur le continent.

n'avoir tenu aucun compte des livres et des traditions et d'avoir dit non pas ce qu'on pensait, mais ce qu'ils pensaient. Chacun devrait apprendre à déceler et à observer les éclats de lumière qui viennent du fond de son esprit, plus que les scintillations du firmament des poètes et des sages. Cependant nous écartons nos pensées sans y prêter attention, parce que ce sont les nôtres. Dans toute œuvre de génie, nous reconnaissons les pensées que nous avons rejetées : elles nous reviennent avec une certaine grandeur dont on se sent dépossédé. C'est la leçon la plus marquante des grandes œuvres d'art. Elles nous apprennent à rester fidèles à notre impression première avec une inflexibilité enjouée, surtout quand toutes les voix s'accordent contre nous. Sans quoi demain, avec un bon sens magistral, un inconnu formulera précisément ce que nous avons toujours pensé et ressenti, et nous nous trouverons forcés, non sans honte, de tenir d'autrui notre propre opinion.

Il vient un moment, dans l'éducation d'un homme, où il acquiert la conviction que l'envie est ignorance, l'imitation suicide ; que son lot, c'est lui-même et qu'il doit faire avec, pour le meilleur et pour le pire ; que même si le vaste univers est généreux, il ne récoltera pas un grain de blé nourrissant qu'il n'ait tiré, à force de travail, du lopin de terre qui lui est donné à cultiver. La puissance qui l'habite est d'une nature nouvelle, et lui seul sait ce qu'il peut faire, et il ne le sait qu'après avoir essayé. Ce n'est pas un hasard si tel fait, tel visage, telle personne, plus que d'autres, lui laissent une vive impression. La mémoire ne se grave pas ainsi sans harmonie préétablie. L'œil a été placé là où un rayon particulier devait tomber, pour qu'il puisse en témoigner. Nous ne nous exprimons qu'à demi et avons honte de l'idée divine que chacun de nous représente. On peut s'y fier sans risque, elle est proportionnée[1] et bénéfique, si on la transmet fidèlement, mais Dieu ne saurait laisser des lâches témoigner de son œuvre. C'est pour l'homme une joie et un soulagement d'avoir

1. Cf *Spiritual Laws* (autre essai de la *Première série* de 1841) : "Chaque homme a sa propre vocation." Cet appel dépend "du mode dans lequel l'âme générale s'incarne en lui. Il tend à faire ce qui lui est facile, et il le fait bien, et nul autre ne peut le faire. Il est sans rival. [...] Son ambition est exactement proportionnée à ses facultés". Emerson écrivait aussi dans son journal en août 1832 : "Être authentique. Goethe, dit-on, l'était entièrement." Il cite également George Fox, Swedenborg, George Washington, et ajoute : "l'ambition de qui est authentique est exactement proportionnée à ses facultés".

mis tout son cœur à l'ouvrage et d'avoir fait de son mieux ; parler ou agir autrement n'apporte aucun apaisement. C'est une délivrance qui ne délivre pas. Au premier effort, votre génie déserte, nulle muse ne vous porte, nulle inventivité, nul espoir.

Aie confiance en toi (*Trust thyself*) : chaque cœur vibre à cette corde de fer. Accepte la place que la providence divine t'a assignée, la compagnie de tes contemporains, le cours des événements. Les grands hommes l'ont toujours fait, ils se sont confiés, comme des enfants, au génie de leur époque, montrant ainsi qu'ils percevaient que l'absolument digne de confiance siégeait dans leur cœur, animait leurs mains, prédominait dans tout leur être. Nous sommes maintenant des hommes, et devons accepter, avec toute la hauteur d'âme possible, la même destinée transcendante ; pas des mineurs ni des infirmes dans un lieu protégé, ni des lâches qui fuient une révolution, mais des guides, des rédempteurs et des bienfaiteurs qui obéissent à l'effort Tout-Puissant et font reculer le Chaos et les Ténèbres.

Quels beaux oracles la nature nous offre sur ce point, sur le visage et dans le comportement des enfants, des tout-petits et même des animaux ! Ils n'ont pas cet esprit divisé et rebelle, cette méfiance à l'égard de ce que l'on ressent quand notre arithmétique a calculé les forces et les moyens qui contrarient nos desseins. Entiers d'esprit, ils ont un regard encore invaincu, et les dévisager nous déconcerte. La petite enfance ne se conforme à personne : tout le monde s'y conforme, au point qu'un bébé se fait d'ordinaire quatre ou cinq petits camarades parmi les adultes qui babillent et jouent avec lui. Dieu a ainsi armé le jeune âge, non moins que l'adolescence et l'âge d'homme, de son propre piquant et de son propre charme, il l'a rendu enviable et gracieux, et apte à ne pas laisser ses exigences insatisfaites, s'il sait se dresser. Ne croyez pas que le nouveau venu soit dénué de force parce qu'il ne peut nous parler. Écoutez ! sa voix dans la pièce d'à côté est assez claire et énergique. Il semble savoir comment parler à ses contemporains et, timide ou hardi, il saura bien se passer de ses aînés.

La froide indifférence de jeunes garçons dont le repas est assuré, et qui dédaigneraient autant qu'un grand seigneur de faire ou de dire quoi ce soit pour s'attirer la bienveillance, est la saine attitude de la nature humaine. L'enfant dans un salon est comme le parterre au théâtre : indépendant, n'ayant à répondre de rien, il observe de son coin les gens et les événements comme ils viennent, il les juge et les condamne, à la manière expéditive et sommaire des enfants : bons, mauvais, intéressants, stupides, éloquents, ennuyeux. Il ne s'embarrasse jamais des conséquences ni des intérêts : il rend un verdict franc et indépendant. C'est à vous de le courtiser : lui ne vous courtise pas. L'homme, au contraire, est comme emprisonné par sa conscience. Sitôt que ses actions ou ses propos sont applaudis, le voilà engagé, exposé au regard de centaines de personnes qui le soutiennent ou le haïssent et dont il doit maintenant prendre les sentiments en compte. Cette situation est sans Léthé. Ah ! comme il aimerait retrouver sa neutralité ! Qui peut ainsi éviter tout engagement et exprimer son opinion, aujourd'hui comme hier, avec la même innocence inaltérée, impartiale, incorruptible, impavide – celui-là sera toujours redoutable. Ses avis sur les affaires en cours, perçus comme dictés non par des motifs personnels, mais par la nécessité, pénétreront comme des flèches dans les oreilles de ses semblables, saisis d'effroi.

Ce sont les voix que nous entendons dans la solitude, mais qui s'affaiblissent jusqu'à devenir inaudibles quand nous entrons dans le monde. Partout la société conspire contre le titre d'homme de chacun de ses membres. C'est une entreprise dont chaque actionnaire accepte, pour mieux assurer son pain, de renoncer à sa liberté et à sa culture. La vertu qu'elle recherche le plus est le conformisme. Elle déteste la self-reliance[1]. Elle n'aime ni les réalités ni les créateurs, mais les noms et les usages.

Qui veut être un homme doit être un non-conformiste. S'il veut recueillir des lauriers immortels, il ne peut s'arrêter à ce qu'on nomme le bien, mais examiner s'il s'agit vraiment du bien. Rien, en définitive, n'est sacré que l'intégrité de son propre esprit. Donnez-vous l'absolution et vous aurez le suffrage du monde. Je me souviens d'une réplique que ma jeunesse m'incita à lancer à un estimé conseiller qui m'importunait régulièrement avec les bonnes vieilles doctrines de l'Église. Comme je lui disais : "Qu'ai-je à faire du caractère sacré des traditions, si je vis pleinement selon mon cœur ?", mon ami a insinué : "Mais ces impulsions peuvent venir d'en bas, non d'en haut." À quoi j'ai répliqué :

1. Sur ce terme, qui signifie *confiance en soi* mais aussi *autonomie de pensée et d'action*, *aptitude à compter sur soi*, voir la notice.

"Elles ne me semblent pas de cette sorte ; mais si je suis l'enfant du Diable, alors je vivrai selon le Diable." Nulle loi n'est à mes yeux sacrée que celle de ma nature. Bon et mauvais ne sont que des mots que l'on peut facilement transposer à ceci ou cela ; le seul bien est ce qui est conforme à ma constitution, le seul mal ce qui est contre. Face à toute opposition, on doit se comporter comme si tout, sauf soi-même, était nominal et éphémère. J'ai honte quand je pense à la facilité avec laquelle nous capitulons devant les insignes et les noms, les grandes collectivités et les institutions mortes. Le premier venu, s'il a l'air convenable et s'exprime bien, me touche et m'influence plus que de raison. Je devrais faire preuve de droiture et d'énergie, et dire la vérité brute en toutes circonstances. Si la noirceur et la vanité se drapent dans le manteau de la philanthropie, doit-on l'accepter ? Si un furieux à préjugés embrasse la cause généreuse de l'Abolition et vient m'apporter les dernières nouvelles de la Barbade, pourquoi ne lui dirais-je pas : "Commence donc par aimer ton enfant, ton bûcheron, sois aimable et modeste, aie cette décence, et ne vernis pas ton ambition égoïste et insensible de cette tendresse incroyable pour une population noire qui vit à plus de mille kilomètres. Tu aimes à distance et chez toi tu nuis" ? Un tel accueil serait rude et inélégant, mais la vérité est plus belle que l'amour feint. Votre bonté doit avoir du tranchant – ou elle n'est rien. Il faut prêcher la doctrine de la haine comme antidote à celle de l'amour quand il se met à gémir et à pleurnicher. Je fuis père et mère, femme et frère quand mon génie m'appelle. J'écrirais volontiers sur les montants de la porte : "Caprice." J'espère qu'à la fin ce sera mieux qu'un caprice, mais on ne peut perdre la journée en explications. N'attendez pas de moi que je vous dise pourquoi je recherche la compagnie ou pourquoi je l'évite. Et ne me parlez pas non plus, comme ce brave homme aujourd'hui, de mon obligation d'améliorer le sort de tous les indigents. S'agit-il de *mes* indigents ? Je te le dis, ô stupide philanthrope, ce dollar, ce décime, ce cent, c'est à contrecœur que je les donne à ces hommes qui ne m'appartiennent pas et à qui je n'appartiens pas. Il existe une catégorie de personnes auxquelles je me sens attaché par la plus grande affinité spirituelle, pour elles j'irais en prison s'il le fallait, mais non pour vos diverses œuvres de bienfaisance si répandues, l'Université ouverte à des imbéciles, la construction de lieux de culte dont beaucoup ne résonnent à présent que d'un vain bruit[1], les dons prodigués à des ivrognes ni pour les multiples Sociétés de secours ; – bien que, je l'avoue à ma honte, je succombe parfois et verse mon dollar, c'est un dollar mal placé que j'aurai bientôt l'énergie de garder.

On tient en général les vertus comme l'exception plutôt que la règle. Il y a l'homme *et* ses vertus. Les hommes font ce qu'on appelle une bonne action, telle manifestation de courage ou de charité, comme ils s'acquitteraient d'une amende pour leur absence quotidienne à la parade. On dirait qu'ils cherchent à excuser leur présence dans le monde ou à lui trouver des circonstances atténuantes – comme les invalides et les fous paient à prix d'or leurs frais de pension. Leurs vertus sont des pénitences. Je ne veux pas expier, mais vivre. Ma vie est à elle-même sa propre fin, elle n'a pas à se montrer en spectacle. Je la préfère de loin sur le mode mineur, si elle est égale et

1. Raphaël Picon, dans la préface à sa traduction du *Discours aux étudiants en théologie* de 1838, apporte cette précision : Emerson "sera particulièrement choqué lors du baptême de son fils Waldo, en mai 1837, par l'inanité de la prédication que Frost (le pasteur de Concord) y prononcera". *Discours aux étudiants en théologie*, trad. Raphaël Picon, Nantes, éd. Cécile Defaut, 2011, p. 61.

authentique, plutôt qu'étincelante et instable. Je souhaite qu'elle soit saine et douce, et puisse se passer de régime et de saignée. Je demande une preuve directe de votre qualité d'homme et refuse que vous en appeliez à vos actes. Je sais que, pour ma part, accomplir ou m'abstenir de ces actions qui passent pour excellentes ne change rien. Je ne saurais consentir à payer pour un privilège là où mon droit est absolu. Mes dons sont peut-être modestes et peu nombreux, le fait est que je suis, et n'ai pas besoin, pour m'en assurer ou en assurer mes semblables, de quelque preuve indirecte.

Toute mon affaire, c'est ce que je dois faire, non ce que pensent les autres. Cette règle, aussi ardue à suivre dans la vie courante que dans la vie intellectuelle, permet de bien distinguer grandeur et petitesse. D'autant plus difficile que l'on trouve toujours quelqu'un qui pense savoir mieux que vous quel est votre devoir. Dans le monde, il est facile de vivre selon l'opinion du monde ; dans la solitude, il est facile de vivre selon la sienne ; mais le grand homme est celui qui, au cœur de la foule, garde avec une parfaite douceur l'indépendance de la solitude.

L'inconvénient de se plier à des usages qu'on tient pour morts, c'est qu'on y disperse ses forces. On y perd son temps et on donne de soi une impression floue. Si vous soutenez une Église morte, apportez votre contribution à une Société biblique morte, votez selon la ligne d'un grand parti pour ou contre le gouvernement, dressez votre table de la même manière que de vils maîtres de maison, sous tous ces écrans j'ai du mal à discerner avec précision quel homme vous êtes. Et c'est bien entendu autant de forces dont votre vie se trouve privée. Mais faites ce qui vous est propre, et je saurai qui vous êtes. Faites ce qui vous est propre, et vous serez plus fort. Que l'on y réfléchisse : ce jeu du conformisme est une partie de colin-maillard. Si je connais votre confession, je connais déjà votre discours. J'entends un prédicateur annoncer son texte et son sujet, l'utilité d'une institution de son église. Ne sais-je pas d'avance qu'en aucun cas il ne peut prononcer un mot neuf et spontané ? Ne sais-je pas, malgré toute l'ostentation avec laquelle il examine les fondements de cette institution, qu'il n'en fera rien ? Ne sais-je pas qu'il s'est réduit à ne voir qu'un aspect des choses, l'aspect autorisé, non en tant qu'homme, mais en tant que ministre d'une paroisse ? C'est un avocat appointé, et ces effets de manche ne sont que vaine affectation. Eh bien, la plupart des hommes se sont bandé les yeux avec tel ou tel mouchoir, et se sont attachés à l'une de ces communautés d'opinion. Ce conformisme les rend non pas faux sur quelques points, et auteurs de quelques mensonges, mais faux sur toute la ligne. Leur moindre vérité manque de vérité. Leur deux n'est pas le vrai deux, leur quatre le vrai quatre ; de sorte que chacun de leur mot nous contrarie, et nous ne savons par où commencer pour les corriger. En attendant, la nature ne tarde pas à nous revêtir de l'uniforme de prisonnier du parti auquel nous adhérons. Nous finissons par avoir tous la même allure et la même tête, et l'expression achevée de bénignité des ânes. Je pense en particulier à une expérience mortifiante, qui ne manque pas de sévir aussi dans l'histoire générale, celle du "visage béat d'admiration", ce sourire forcé que nous affichons quand nous ne sommes pas à l'aise en société et que la conversation ne nous intéresse pas. Le mouvement des muscles n'est pas spontané, mais l'effet d'une tension mauvaise et factice, les contours du visage se crispent, occasionnant une sensation des plus désagréables.

Le monde inflige au non-conformisme le fouet de sa réprobation. D'où la nécessité de déterminer le sens d'un regard hostile. Les passants dans la rue ou les invités dans le salon d'un ami vous considèrent avec méfiance. Si cette inimitié trouvait son origine dans la même résistance et dans le même mépris que les vôtres, il ne vous resterait plus qu'à rentrer chez vous avec tristesse ; mais les regards hostiles de la foule, comme ses regards cordiaux, n'ont pas de cause profonde, ils apparaissent et s'évanouissent selon le sens du vent et les titres des journaux. Toutefois, le mécontentement de la multitude est plus redoutable que celui du Sénat ou de l'Université. Un homme ferme qui connaît le monde peut assez facilement supporter la colère, qui reste courtoise et prudente, des classes cultivées, elles-mêmes très vulnérables et timorées. Mais quand à leur colère féminine s'ajoute l'indignation du peuple, quand le pauvre et l'ignorant se lèvent, quand la force brutale et sans discernement qui gît au fond de la société en vient à grimacer et à grogner, il faut l'habitude de la magnanimité et de la religion pour n'y voir comme un dieu qu'une vétille sans conséquence.

L'autre terreur qui nous dissuade d'avoir confiance en nous, c'est notre esprit de constance ; un respect de notre action ou de notre parole passées, parce que le regard de nos semblables n'a pas d'autres données pour calculer notre orbite que nos actes passés, et que nous n'aimons pas tromper leurs attentes.

Mais pourquoi devrait-on garder la tête sur les épaules ? Pourquoi traîner ce cadavre qu'est votre mémoire, de crainte de contredire ce que vous avez affirmé publiquement en telle ou telle occasion ? Supposez que vous deviez vous contredire ; et alors ? Il semble que ce soit une règle de sagesse de ne jamais se fier à sa seule mémoire, pas même dans des actes de pure mémoire, mais de traduire le passé devant le tribunal du présent aux témoins innombrables, et de toujours vivre dans un jour neuf. Dans votre métaphysique, vous avez refusé à Dieu la personnalité : mais quand les élans divins vous soulèvent l'âme, cédez-leur cœur et vie, même s'ils doivent habiller Dieu de forme et de couleur.[1] Abandonnez votre

1. "Dans votre métaphysique" : Emerson s'adresse ici d'abord à lui-même. Le 5 mars 1838, il notait dans son journal : "Que répondre à ces sympathiques jeunes gens qui me demandent un exposé du Théisme et pensent que les idées que j'ai exprimées sur l'impersonnalité de Dieu sont navrantes et affreuses ? Je dis que je ne puis trouver, quand j'explore ma propre conscience, aucune vérité à affirmer que Dieu est une personne, mais le contraire. Je trouve qu'il y a quelque profanation à dire qu'"Il est personnel'. Le représenter comme un individu, c'est l'exclure

théorie, comme Joseph sa tunique dans les mains de la tentatrice, et fuyez.

Ce vain souci de constance est le démon des petits esprits, adoré des politiciens, des philosophes et des théologiens de petite espèce. Une grande âme n'a tout simplement que faire de la constance. Autant se soucier de son ombre sur le mur. Dites ce que vous pensez maintenant en paroles fermes, et demain dites ce que demain pensera en paroles tout aussi fermes, même si elles contredisent tout ce

de ma conscience. Il n'est alors qu'un grand homme, tel que l'adorent les foules. [...] Je refuse à Dieu la personnalité parce que c'est trop peu, non parce que c'est trop."

David Greene Haskins, cousin d'Emerson, écrivait (dans *Ralph Waldo Emerson. His Maternal Ancestors,* 1887) qu'en 1851, pasteur dans une localité voisine de Boston (Medford), il l'avait invité pour une conférence, à l'étonnement de ses paroissiens, qui supposaient qu'Emerson ne croyait pas en Dieu. Haskins lui demande ce qu'il répondrait à la question : "Croyez-vous en Dieu ?" "– Quand je parle de Dieu, je préfère dire Cela (*It*)." "J'avoue, poursuit Haskins, que j'ai d'abord été surpris par sa réponse ; mais dans les explications qu'il m'a données dans la conversation qui a suivi, je n'ai trouvé aucune différence entre elles et la doctrine communément acceptée de l'omniprésence de Dieu. Conversant il y a peu avec mon bon ami et voisin, le Révérend A.P. Peabody, au sujet d'Emerson, je lui ai dit que je pensais que son panthéisme était de la meilleure espèce. 'Je ne l'appelle pas *panthéisme*, a-t-il répliqué, je l'appelle *hyperthéisme*.'"

que vous avez dit aujourd'hui.[1] "– Mais c'est la meilleure façon d'être incompris !" – Est-ce donc si grave d'être incompris ? Pythagore a été incompris, comme Socrate, Jésus, Luther, Copernic, Galilée, Newton, et tout esprit pur et sage à s'être jamais incarné. Être grand, c'est être incompris.

Je crois qu'aucun homme ne peut agir contre sa nature. Toutes les saillies de sa volonté sont aplanies par la loi de son être, comme les reliefs des Andes ou de l'Himalaya sont insignifiants sur la courbe du globe. L'angle selon lequel on le juge ou le teste n'importe pas davantage. Un caractère est comme un acrostiche ou une strophe alexandrine ; – lisez-le en avant, en arrière ou en diagonale, vous trouverez toujours la même chose. Au cours de cette agréable vie de pénitence dans les bois que Dieu m'accorde[2], si je note mes pensées jour

1. Dans la version de 1841, Emerson ajoutait : "Assez de vos lèvres serrées ! Cousez-les de gros fil, tant que vous y êtes. Mais si vous voulez être un homme, dites ce que vous pensez aujourd'hui en mots aussi durs que des boulets de canon, et demain dites..."

2. En septembre 1835, au lendemain de son second mariage, Emerson s'est installé dans une grande maison entourée de pins et de chênes, à la lisière de Concord. "Toutes mes pensées sont forestières, écrivait-il en janvier 1841 dans son journal. Je n'ai guère de rêveries où le souffle des pins ne

après jour, telles quelles, sans tenir compte du passé ni de l'avenir, on y discernera certainement une harmonie, même si je ne la cherche ni ne la vois. Mon livre aura l'odeur des pins et sera bourdonnant d'insectes. L'hirondelle, au-dessus de ma fenêtre, entrelacera aussi dans ma toile le fil ou le brin de paille qu'elle tient dans son bec. Nous passons pour ce que nous sommes. Le caractère parle avant la volonté. Les hommes s'imaginent qu'ils ne révèlent leur vice ou leur vertu que par des actions ouvertement accomplies, ils ne voient pas que vice et vertu respirent à chaque instant.

Toutes variées soient-elles, leurs actions s'accorderont, si chacune à son heure est authentique et naturelle. Procédant d'une seule volonté, elles seront harmonieuses, malgré leur apparente dissemblance. Avec un peu de distance, de hauteur de pensée, on perd de vue ces différences. Elles vont toutes dans la même direction. Le trajet du meilleur navire est une ligne en zigzag à cent bords. Vue d'assez loin, cette ligne devient une droite qui suit la direction moyenne. Authentique, votre action s'expliquera d'elle-même, et

passe et où leurs ombres ne bougent. Ne dois-je donc pas intituler mon petit livre *Essais de la forêt*?"

expliquera vos autres actions authentiques. Votre conformisme n'explique rien. Agissez au singulier, et vos actes singuliers passés vous justifieront dans le présent. La grandeur en appelle au futur. Si je peux être assez ferme aujourd'hui pour agir au mieux et mépriser les regards, il faut que j'aie déjà agi tout aussi bien pour pouvoir à présent me défendre. Quoi qu'il advienne, agissez au mieux maintenant. Toujours mépriser les apparences, c'est pouvoir le faire toujours. La force de caractère est cumulative. Tous les jours de vertu accomplis communiquent leur santé au jour présent. D'où vient la majesté des héros du sénat et du champ de bataille, dont on a l'imagination si pleine ? De la conscience d'être portés par une succession de grands jours et de victoires. Ils en rayonnent d'une même lumière alors qu'ils s'avancent sur la scène, et que l'on croit voir à leurs côtés une escorte d'anges. C'est d'une telle conscience que jaillit le tonnerre dans la voix de Chatham[1], la dignité dans la personne de Washington et l'Amérique dans

1. William Pitt, comte de Chatham (1708-1778). Cet homme d'État anglais a soutenu au Parlement les colons américains qui s'opposaient à la politique fiscale du gouvernement anglais.

le regard d'Adams[1]. Nous vénérons le sens de l'honneur parce qu'il n'est pas éphémère. Il ne cesse pas d'être vertu ancienne. Nous le révérons aujourd'hui parce qu'il n'est pas d'aujourd'hui. Nous l'aimons et lui rendons hommage parce qu'il ne trompe pas cet amour et cet hommage, mais ne naît et ne dépend que de lui-même, et appartient ainsi à un lointain lignage immaculé, même quand il se manifeste chez une personne jeune.

J'espère que nous n'entendrons bientôt plus parler ni de conformisme ni de constance. Que ces mots désormais soient abrogés et tenus pour ridicules. Que retentisse non la cloche du dîner, mais un coup de fifre spartiate. Ne nous inclinons, ne nous excusons plus jamais. Je reçois un grand homme à ma table. Je ne vais pas chercher à lui plaire, je souhaite que ce soit lui qui cherche à me plaire. Je représenterai l'humanité : qu'elle soit aimable, mais qu'elle soit vraie. Défions et fustigeons la médiocrité polie et la satisfaction immonde de notre temps, et lançons au visage de l'usage, du commerce, de l'administration, ce fait qui est le fruit de toute l'histoire : un

1. John Adams (1735-1826), le deuxième président des États-Unis.

grand Penseur et un grand Acteur responsable œuvre partout où un homme œuvre ; un homme vrai n'est ni d'un autre temps ni d'un autre lieu, il est le centre des choses. Là où il est, là est la nature. Il vous mesure, et tout homme et tout événement. D'ordinaire, chacun dans la société nous rappelle telle chose ou telle personne. Le caractère, la réalité, ne rappelle rien d'autre[1] ; il l'emporte sur la

1. *Character, reality, reminds you of nothing else* : on peut entendre *Le caractère* et *la réalité*. Mais les phrases qui précèdent incitent plutôt à comprendre : *Le caractère,* c'est-à-dire *la réalité,* et à garder le singulier ; le membre de phrase qui suit va dans le même sens. Dans ce passage, l'individu, *l'homme vrai*, est pour lui *centre des choses, nature, réalité*. D'autre part, la version de 1841 du paragraphe sur le *fait ultime* comportait la phrase suivante : "Virtue is the governor, the creator, the reality". *Character* est un des principaux concepts emersoniens : c'est une *rectitude* inébranlable. Dans l'article du *Dial* qu'il a consacré à *Walter Savage Landor*, Emerson écrivait : "Le mot Caractère est dans toutes les bouches ; c'est une force que nous éprouvons tous, mais qui l'a analysée ? [...] Une force morale, mais qui n'a que faire des credos et des catéchismes, une force intellectuelle, mais qui dédaigne les livres".

La *Seconde série* de 1844 comporte un essai sur le *caractère* : "Le plus pur talent littéraire apparaît tantôt grand et tantôt faible, mais le caractère est d'une grandeur stellaire et indiminuable. [...] la rectitude est une victoire perpétuelle, célébrée non par des cris de joie, mais par la sérénité [...] Le visage que revêt à mes yeux le caractère est l'auto-suffisance (*self-sufficingness*). [...] Le caractère

création tout entière. On doit exister à un point tel qu'on rende toutes les circonstances indifférentes. Tout homme vrai est une cause, un pays et une époque ; il a besoin de vies, d'espaces et d'un temps infinis pour accomplir pleinement son dessein ; et la postérité semble suivre ses pas comme un cortège de clients. Un homme naît César, et nous avons des siècles d'Empire romain. Le Christ naît, et tant de millions d'esprits s'attachent à son génie qu'il se confond avec la vertu et le possible de l'homme. Une institution est l'ombre prolongée d'un homme ; ainsi le monachisme de l'ermite Antoine, la Réforme de Luther, le quakerisme de Fox, le méthodisme de Wesley, l'abolitionnisme de Clarkson. Scipion, marque pour Milton "l'apogée de Rome"[1] ; et toute l'histoire se résume très facilement à la

est centralité, l'impossibilité d'être déplacé ou renversé. Un homme doit nous donner une sensation de masse". Il y consacrera un second essai, pour une revue, en 1866. Autre célébration du *caractère* dans les deux dernières pages de *Works and Days* (*Société et solitude*, 1870) : "le caractère, le nom le plus haut auquel la philosophie soit parvenue. [...] cette grâce sublime qui estime un moment autant qu'un autre, qui nous rend grands dans toutes les conditions, et est la seule définition que nous ayons de la liberté et de la puissance".

1. Dans le livre IX du *Paradis perdu*.

biographie de quelques figures ferventes et résolues.

Qu'un homme sache donc sa valeur et qu'il ait barre sur les choses. Qu'il n'aille pas guettant, volant, rôdant ici et là avec la mine d'un enfant assisté, d'un bâtard ou d'un intrus, dans ce monde qui est fait pour lui. Mais l'homme de la rue, qui ne trouve en lui aucune valeur comparable à la force qui a bâti une tour ou sculpté un dieu de marbre, se sent peu de chose à leur vue. Un palais, une statue ou un livre hors de prix lui paraissent aussi étrangers et menaçants qu'un luxueux équipage et semblent l'apostropher d'un : "Qui êtes-vous, monsieur ?" Pourtant tous lui appartiennent, ils sollicitent son attention et réclament de ses facultés qu'elles se manifestent et prennent possession d'eux. Le tableau attend mon verdict ; il n'a rien à me prescrire, c'est à moi de statuer sur ses prétentions à l'admiration. La fable célèbre du franc buveur qu'on a ramassé ivre mort dans la rue, qu'on a transporté chez le duc, lavé, habillé et couché dans son lit et qu'à son réveil on a traité avec le même cérémonial obséquieux que le duc, et à qui on a assuré qu'il avait été pris d'un coup de folie, doit sa célébrité au fait qu'elle symbolise très bien la situation de l'homme, qui dans le monde est une sorte d'ivrogne, mais parfois se réveille, exerce sa raison et s'aperçoit qu'il est un vrai prince.

Nous lisons comme des mendiants et des flatteurs. Dans le domaine de l'histoire, notre imagination nous trompe. Pouvoir et domaines, royaumes et seigneuries, c'est là un vocabulaire plus reluisant que Jean et Édouard, simples particuliers, dans une petite maison, un jour ordinaire de travail; pourtant, dans les deux cas, les choses de la vie sont les mêmes, la somme totale des deux est la même. Pourquoi tant de déférence envers Alfred[1], Scanderbeg[2] ou Gustave-Adolphe[3]? Admettons qu'ils aient fait preuve de vertu, l'ont-ils épuisée? Un acte privé accompli aujourd'hui présente un aussi grand enjeu que leurs illustres actions publiques. Quand les simples particuliers agiront selon des opinions originales, la gloire passera des actions des rois à celles des gentlemen[4].

1. Alfred le Grand (849-899), roi anglais qui s'est illustré par sa lutte contre les invasions danoises et par sa politique culturelle.
2. Surnom de Georges Castriota (1405-1468), héros de la lutte des Albanais contre l'Empire ottoman.
3. Gustave-Adolphe (1594-1632), roi de Suède et l'un des acteurs, du côté protestant, de la guerre de Trente ans.
4. Emerson donne une définition de *gentleman* dans le dernier paragraphe d'*Aristocracy*: "Je ne sais si ce mot, *Gentleman*, bien qu'il signifie une idée dominante de la

Le monde a été instruit par ses rois, qui ont par là magnétisé le regard des nations. Ce symbole colossal leur a enseigné la révérence mutuelle qui doit prévaloir d'homme à homme. La loyauté heureuse avec laquelle les hommes ont partout accepté que le roi, le noble, le grand propriétaire vive parmi eux selon sa propre loi, impose sa propre échelle aux hommes et aux choses, et renverse les leurs, paie les services non en espèces mais en honneurs, et incarne la loi dans sa personne, a constitué le hiéroglyphe par lequel ils ont obscurément signifié la conscience de leur propre droit et de leur propre prestance, le droit de tout homme.

Le magnétisme qu'exerce toute action originale s'explique quand on recherche la cause de la confiance en soi (*self-trust*). Confiance en

civilisation récente, est une généralisation suffisamment large pour exprimer le fait profond et grave de la *self-reliance*. Pour beaucoup il ne désigne que les dehors de la classe éduquée, que les manières gracieuses et l'indépendance sur des questions futiles ; mais les sources de cette idée sont dans les profondeurs de l'homme, une beauté qui rayonne de tout l'être, des manières à l'âme, un sens de l'honneur qui n'est qu'un nom pour la sainteté, une confiance en soi (*self-trust*) qui est confiance en Dieu lui-même." In *The Complete Works of Ralph Waldo Emerson*, vol. 10, Boston, Houghton Mifflin, 1903-1904.

Qui ? Quel est ce Soi originaire sur qui peut se fonder une confiance (*reliance*) universelle ? Quelle est la nature, quels sont les pouvoirs de cette étoile qui déconcerte la science, sans parallaxe, sans éléments calculables, qui émet un rayon de beauté jusque dans les actions futiles et impures, dès que le moindre signe d'indépendance apparaît ? Notre recherche nous conduit à cette source, essence à la fois du génie, de la vertu et de la vie, que nous appelons Spontanéité ou Instinct. Nous donnons à cette sagesse première le nom d'Intuition, tandis que tous les enseignements ultérieurs demandent une éducation. Dans cette force profonde, fait ultime que l'analyse ne peut dépasser, se trouve l'origine commune de toutes choses. Car ce sentiment d'être qui, dans les heures calmes, naît on ne sait comment dans l'âme, ne diffère pas des choses, de l'espace, de la lumière, du temps, de l'homme, il ne forme qu'un avec eux, et provient à l'évidence de cette même source d'où proviennent aussi leur vie et leur être. Nous partageons d'abord la vie qui fait exister les choses, nous les voyons ensuite comme des apparences de la nature, et oublions que nous avons participé de la même cause. Là est la source de l'action et de la pensée, le poumon de cette inspiration qui donne la sagesse, et qu'on ne peut renier sans impiété ni athéisme. Nous reposons au sein d'une intelligence immense, qui fait de nous les récepteurs de sa vérité et les organes de son activité. Quand on perçoit la justice, quand on perçoit la vérité, on ne fait rien par soi-même, on laisse passer ses rayons. Si on s'interroge sur son origine, si on cherche à scruter l'âme créatrice, toute philosophie est en déroute. Sa présence ou son absence, c'est tout ce qu'on peut affirmer. Chacun fait la distinction entre les actes volontaires de son esprit et ses perceptions involontaires, lesquelles, il le sait, exigent une foi sans faille. Il peut se tromper dans leur expression, mais il sait qu'elles ne sont pas plus contestables que le jour et la nuit. Mes actions et acquisitions volontaires ne sont que divagations ; – la rêverie la plus insignifiante, la plus légère émotion innée, suscitent ma curiosité et mon respect. Les esprits irréfléchis contredisent aussi facilement l'affirmation des perceptions que celle des opinions, ou plutôt beaucoup plus facilement ; car ils ne distinguent pas perception et jugement. Ils s'imaginent que je choisis de voir telle ou telle chose. Mais la perception n'a rien de capricieux : elle est fatale. Si je vois tel trait, mes enfants le verront après moi, et avec le temps toute l'humanité, – bien qu'il soit possible que personne ne l'ait vu avant moi. Car la perception que j'en ai est un fait, autant que le soleil.

Les relations de l'âme à l'esprit divin sont si pures qu'on les profane à vouloir imposer des intermédiaires. Dès lors que Dieu parle, c'est pour communiquer non une chose, mais toutes choses, pour emplir le monde de sa voix, dispenser lumière, nature, temps, âmes, depuis le cœur de la pensée présente, et créer à nouveau le tout, et lui donner un nouveau point de départ. À chaque fois qu'un esprit se fait humble et reçoit quelque sagesse divine, le monde ancien passe, – médiations, maîtres, textes et temples tombent; il vit maintenant et absorbe passé et futur dans l'heure présente.[1]

1. Dans une lettre datée du 23 septembre 1826, Emerson faisait déjà part à sa tante Mary Moody de son intuition d'une création qui se poursuit et se renouvelle sans cesse et de son rejet du poids du passé: "c'est une erreur de nous considérer à ce point sous un éclairage *historique* et de mettre du Temps entre Dieu et nous; [...] il vaudrait mieux tenir chaque moment de l'existence de l'Univers comme une nouvelle Création, et *tout* appréhender comme une révélation qui se poursuit à chaque moment depuis la Divinité jusqu'à l'esprit de l'observateur". Citée par Robert D. Richardson, *Emerson, The Mind on Fire*, Berkeley, University of California Press, 1995, p. 71. C'est

C'est en elle que toutes choses deviennent sacrées, l'une autant que l'autre. Toutes choses sont dissoutes en leur centre par leur cause, et les menus miracles particuliers disparaissent dans le miracle universel. De sorte que si quelqu'un prétend connaître Dieu et en discourir, et vous ramène à la phraséologie de quelque vieille nation vermoulue, dans un autre pays, dans un autre monde, ne le croyez pas. Le gland est-il meilleur que le chêne qui est sa plénitude et son achèvement ? Le parent est-il meilleur que l'enfant à qui il a transmis son être dans sa maturité ? D'où vient alors ce culte du passé ? Les siècles conspirent contre la santé et l'autorité de l'âme. Espace et temps ne sont que des couleurs physiologiques produites par l'œil, mais l'âme est lumière ; là où elle est, c'est le jour ; là où elle était, c'est la nuit ; et l'histoire n'est qu'une impertinence et un mal si elle est davantage qu'un joyeux

l'une des idées essentielles d'Emerson, qu'on trouve aussi dans ses sermons, notamment les sermons 158, *A living religion*, 1832, et 78, *Salvation, now*, 1830, où il citait le verset 5, 17 de la 2e Épître aux Corinthiens : "Non, ni le monde naturel, ni le monde moral ne sont anciens : ils sont absolument nouveaux. Dans un sens très clair et de grande portée, le monde ancien est passé, toutes choses sont renouvelées".

apologue ou une parabole de mon être et de mon devenir.

L'homme est timoré et se confond en excuses, il ne se tient plus droit, il n'ose pas dire "je pense", "je suis", mais cite tel saint ou tel sage. Il a honte devant le brin d'herbe ou la rose en fleur. Ces roses, sous ma fenêtre, ne renvoient pas à des roses passées ni à de plus belles ; elles sont pour ce qu'elles sont ; elles existent avec Dieu aujourd'hui. Le temps n'est rien pour elles. Il y a simplement cette rose ; elle est parfaite à chaque moment de son existence. Avant qu'un bourgeon n'éclose, sa vie entière est en acte ; dans la fleur épanouie, il n'y a rien de plus ; dans la racine sans feuille, rien de moins. Sa nature est satisfaite, et elle satisfait la nature, à tout moment de la même façon. L'homme, lui, diffère ou se souvient ; il ne vit pas dans le présent, mais il retourne la tête et regrette le passé ou, sans prendre garde aux richesses qui l'entourent, se dresse sur la pointe des pieds pour entrevoir le futur. Il ne sera heureux et fort que lorsque lui aussi vivra avec la nature dans le présent, au-dessus du temps.

Ce devrait être assez simple. Et pourtant voyez quels grands esprits n'osent toujours pas écouter Dieu lui-même, sinon dans la phraséologie de je ne sais quel David, Jérémie ou Paul. Nous n'attacherons pas toujours un tel prix à quelques textes, à quelques vies. Nous sommes comme des enfants qui répètent par cœur les phrases de grand-mères et de précepteurs, et, avec l'âge, des hommes de talent et de caractère qu'ils ont pu rencontrer, – s'efforçant avec peine de se rappeler précisément chaque mot ; ensuite, ayant rejoint le point de vue de ceux qui ont formulé ces préceptes, ils en comprennent le sens, et veulent bien s'affranchir des mots ; car à tout moment, ils peuvent en trouver d'aussi justes quand l'occasion se présente. Si nous vivons vraiment, nous verrons vraiment. Il est aussi facile à l'homme fort d'être fort, qu'au faible d'être faible. Quand on a une perception neuve, c'est avec plaisir qu'on décharge sa mémoire de ses trésors accumulés comme autant de vieux rebuts. Quand un homme vit avec Dieu, sa voix est aussi douce que le murmure d'un ruisseau et le bruissement d'un champ de blé.

Mais en définive, la vérité ultime sur ce sujet reste informulée ; sans doute est-elle inexprimable ; car tout ce que nous disons n'est que le lointain souvenir de l'intuition. Voici la plus proche formulation que je puisse à présent en donner : quand le bien est près de soi, quand on a la vie en soi, ce n'est par aucun chemin connu ou accoutumé ; on ne pourra suivre les empreintes de personne ; on ne verra pas de visage humain ; on n'entendra aucun nom ; – chemin, réflexion, bien seront d'une étrangeté, d'une nouveauté totales. Il n'y aura ni exemple ni expérience. Ce n'est pas un chemin vers l'homme, mais à partir de l'homme. Toutes les personnes qui ont jamais existé sont ses pasteurs oubliés. La peur comme l'espoir ne sont pas à sa hauteur. L'espoir même a quelque chose de bas. À l'heure de la vision, il n'est rien que l'on puisse appeler gratitude ni à proprement parler joie. L'âme soulevée au-dessus de toute passion contemple l'identité et la causalité éternelle, perçoit l'auto-existence du Vrai et du Bien, et s'apaise, voyant que toute chose suit son cours. Les vastes étendues de la nature, l'Océan Atlantique, le Pacifique, les longs intervalles de temps, les années, les siècles, ne comptent pas. Ce que je pense et ressens a sous-tendu chaque état antérieur de la vie et des circonstances, sous-tend pareillement mon présent, et ce qu'on appelle vie, et ce qu'on appelle mort.

Seule la vie importe, pas d'avoir vécu. La puissance cesse à l'instant du repos ; elle réside dans le moment de transition d'un état passé à un état nouveau, dans le franchissement du gouffre, dans l'élan vers le but. Le monde hait ce fait entre tous : l'âme *devient* ; car ce devenir dégrade à jamais le passé, retourne toute richesse en pauvreté, tout renom en opprobre, confond le saint et le voyou, repousse Jésus aussi bien que Judas. Pourquoi donc tout ce bavardage à propos de self-reliance ? Autant l'âme est présente, autant vous disposez d'un pouvoir non pas confiant (*confident*) mais agissant. Ce mot de confiance (*reliance*) est faible et extérieur. Parlez plutôt de ce qui se fie (*relies*), parce que cela œuvre et cela est. Qui fait preuve de plus d'obéissance que moi me maîtrise, sans même avoir à lever le doigt. La gravitation des esprits me force à tourner autour de lui. Quand nous parlons de vertu éminente, ce n'est pour nous que rhétorique. Nous ne voyons toujours pas que la vertu est Prééminence, et qu'un homme ou un groupe d'hommes, malléables et perméables aux principes, doivent selon la loi de la nature dominer et conduire toutes les cités, nations, rois, possédants, poètes, qui ne le sont pas.

Sur ce point, comme sur tout autre, nous parvenons très vite à ce fait ultime : la résolution de tout dans l'Un à jamais béni.

L'auto-existence est l'attribut de la Cause Suprême et constitue la mesure du bien selon son degré de présence dans toutes les formes inférieures. Toute chose réelle est telle selon sa part de vertu. Le commerce, l'agriculture, la chasse, la pêche à la baleine, la guerre, l'éloquence, l'ascendant le sont dans une certaine mesure, et sont autant d'exemples qui forcent mon respect de sa présence et de son action impure. Je vois la même loi œuvrer dans la nature pour la conservation et la croissance. La puissance est dans la nature la mesure essentielle du bien. La nature ne permet pas que reste dans ses règnes ce qui ne peut s'aider soi-même. La genèse et la maturation d'une planète, son équilibre et son orbite, l'arbre courbé qui se rétablit après une bourrasque, les ressources vitales de tout animal et de tout végétal, sont autant de démonstrations de l'âme autosuffisante (*self-sufficing*) et, par là, autonome (*self-relying*) [1].

1. Emerson reprendra de façon un peu plus précise cette idée et cet exemple, assez inattendu, de la planète, dans les dernières pages de *Destin*, l'essai qui ouvre *La Conduite de la Vie* (1860) : “Comme le général dit à ses soldats, ‘si vous voulez un fort, bâtissez un fort’, la nature fait que chaque créature exerce sa propre activité et en tire sa subsistance, – qu'il s'agisse d'une planète, d'un animal ou d'un arbre.

C'est ainsi que tout se concentre : pas de vagabondage, restons chez nous avec la cause. Étourdissons, stupéfions la cohue importune des hommes, des livres et des institutions, par une simple déclaration du fait divin. Que les envahisseurs ôtent leurs chaussures, car Dieu est dans cette maison. Que notre simplicité les juge, que notre docilité à notre propre loi démontre la pauvreté de la nature et de la fortune face à notre richesse innée.

Mais à présent nous sommes une foule. L'homme n'a pour l'homme aucun respect sacré, et son génie n'est pas incité à rester à la maison, à se mettre en communication avec l'océan intérieur, au lieu de sortir pour aller mendier un verre d'eau au puits des autres. Nous devons être seuls. J'aime le silence de l'église avant le début du service plus que toute prédication. Si lointaine, si sereine, si pure paraît l'assistance, chacun enclos dans une enceinte ou un sanctuaire. Restons donc toujours assis[1]. Pourquoi devrions-nous assumer

La planète se fait elle-même. La cellule animale se fait elle-même, – et dès lors fait ce qu'elle veut. Chaque créature – bergeronnette ou dragon – doit faire sa propre tanière. Dès qu'il y a vie, il y a auto-direction, et absorption et utilisation de matériaux. La vie est liberté".

1. La même idée est exprimée de façon plus précise,

les fautes de notre ami, de notre femme, de notre père, de notre enfant, parce qu'ils vivent sous notre toit ou parce qu'ils sont dits du même sang ? Mon sang coule dans tous les hommes, et le sang de tous les hommes en moi. Ce n'est pas pour autant que je vais adopter leurs mouvements d'humeur ou leurs folies jusqu'à me couvrir de honte. Votre isolement ne doit cependant pas être mécanique, mais spirituel, c'est-à-dire qu'il doit être élévation. À certains moments, le monde entier semble une conjuration destinée à vous importuner avec d'impérieuses bagatelles. Ami, client, enfant, maladie, peur, besoin, charité, tous à la fois frappent à ta porte et t'appellent : "Viens avec nous." Mais ne bouge pas ; ne rejoins

et plus cinglante, dans le *Discours aux étudiants en théologie* de 1838 : "Mais maintenant, le sabbat du prêtre a perdu la splendeur de la nature ; il est disgracieux ; nous sommes heureux lorsqu'il prend fin ; nous pouvons, nous, en faire un bien meilleur pour nous-mêmes, plus saint, plus doux, et nous nous en faisons un, même quand nous sommes assis sur nos bancs. Chaque fois que la chaire est usurpée par un formaliste, le culte devient frauduleux et désolant. Nous nous replions sur nous-mêmes dès que commencent des prières qui ne nous élèvent pas, mais nous abattent et nous offensent. Nous sommes contraints de nous emmitoufler dans nos manteaux et de nous retrancher autant que possible dans une solitude où nous n'entendons plus rien." In *Discours aux étudiants en théologie*, *op. cit.*, p. 92.

pas leur tumulte. Le pouvoir qu'on a de me déranger, ce n'est qu'un peu de curiosité qui l'accorde. Nul ne peut m'approcher que de mon fait. "Ce que nous aimons est nôtre, mais par désir nous nous privons de l'amour."[1]

Si nous ne pouvons dès maintenant nous élever jusqu'à la sainteté de l'obéissance et de la foi, résistons au moins à nos tentations ; partons en guerre et réveillons Thor et Odin, courage et fermeté, dans nos cœurs saxons. Ce qui se fera en ces temps policés par un langage de vérité. Finissez-en avec cette hospitalité et cette affection mensongères. Ne vivez pas plus longtemps selon les attentes de ces gens dupes et qui dupent avec lesquels nous conversons. Dites-leur : Ô père, ô mère, femme, frère, ami, j'ai vécu jusqu'ici avec vous sous des faux-semblants. Désormais, j'appartiens à la vérité. Sachez que désormais je n'obéis plus aux lois qui sont au-dessous de la loi éternelle. Je ne serai pas lié par contrat mais par degrés de proximité.

1. Citation modifiée d'une traduction d'une épigramme de Schiller (*Liebe und Begierde*, *Love and Desire*), extraite d'une anthologie publiée à Boston en 1839 par George Ripley (transcendantaliste et ami d'Emerson) : "Bien dit, Schlosser ! On *aime* ce qu'on a ; on *désire* ce qu'on n'a pas ; seule l'âme riche aime ; seule la pauvre désire."

Je m'efforcerai de soutenir mes parents, de subvenir aux besoins de ma famille, d'être le mari fidèle d'une seule femme – mais je dois entretenir ces relations sur un mode nouveau et sans précédent. J'appelle de vos usages. Je dois être moi-même. Je ne puis me diviser plus longtemps pour tel ou tel d'entre vous. Si vous pouvez m'aimer comme je suis, nous n'en serons que plus heureux. Sinon, je m'efforcerai quand même de le mériter. Je ne cacherai ni mes goûts ni mes aversions. Je me fierai tant à l'idée selon laquelle ce qui est profond est sacré que j'accomplirai fermement sous le soleil et la lune tout ce qui me réjouit en mon for intérieur, et que le cœur ordonne. Si vous vous montrez nobles, je vous aimerai ; sinon, je ne blesserai ni vous ni moi par des attentions hypocrites. Si vous êtes vrais, mais selon une vérité différente de la mienne, restez fidèles à vos compagnons ; je chercherai les miens. Je n'agis pas ainsi par égoïsme, mais en toute humilité et vérité. C'est autant votre intérêt que le mien, comme celui de tous les hommes, si longtemps que nous ayons vécu dans le mensonge, de vivre dans la vérité. Cela vous paraît aujourd'hui difficile ? Bientôt, vous aimerez ce que vous dictent votre nature aussi bien que la mienne et, si nous suivons la vérité, elle nous conduira à la fin en lieu sûr. – Mais il se peut que vos amis en souffrent. Oui, mais je ne saurai brader ma liberté ni mon pouvoir pour épargner leur sensibilité. En outre, on a tous ses moments de raison quand on se tourne vers la région de la vérité absolue ; alors ils me justifieront et feront la même chose.

Le peuple pense que le rejet des normes communes est un rejet de toute norme, et pur antinomisme ; et la sensualité impudente dorera ses crimes du nom de philosophie. Mais la loi de la conscience demeure. Il existe deux confessionnaux : nous devons être absous dans l'un des deux. Vous pouvez accomplir l'ensemble de vos devoirs en vous en acquittant de façon *directe* ou *réfléchie*. Voyez si vous avez rempli vos obligations envers votre père, mère, cousin, voisin, ville, chat et chien ; si l'un d'eux peut vous estimer fautif. Mais je puis aussi négliger cette norme réfléchie, et m'absoudre moi-même. J'ai mes propres exigences inflexibles et mon cercle parfait, qui refusent le nom de devoir à nombre de responsabilités que l'on appelle des obligations. Mais si je peux en solder les dettes, ils me permettent de me dispenser du code en usage. Si quelqu'un s'imagine que cette loi est laxiste, qu'il en suive le commandement un seul jour.

Et il faut vraiment qu'il ait en lui quelque chose de divin, celui qui s'est affranchi des règles communes de l'humanité et s'est risqué à se fier à lui-même (*to trust himself*) pour se gouverner. Qu'il ait le cœur haut, la volonté fidèle, le regard lucide, pour se tenir réellement lieu à lui-même de doctrine, de société et de loi, pour qu'un simple but s'impose à lui avec autant de force qu'une nécessité de fer aux autres !

Quiconque observe les aspects actuels de ce que l'on honore du nom de *société*, sentira le besoin d'une telle éthique. L'homme n'a plus ni nerfs ni cœur, nous ne sommes plus que des pleurnicheurs craintifs et démoralisés. Nous avons peur de la vérité, peur du destin, peur de la mort, peur les uns des autres. Notre époque n'engendre grandeur et perfection chez personne. Nous voulons des hommes et des femmes qui renouvellent la vie et réforment notre société, mais nous constatons que la plupart des caractères sont insolvables, ne peuvent satisfaire leurs propres besoins, ont une ambition hors de toute proportion avec leur force pratique, et s'inclinent et quémandent continuellement jour et nuit. La façon dont nous tenons nos maisonnées relève de la mendicité, nous n'avons pas choisi nos arts, nos activités, nos mariages, notre religion, la société les a choisis pour nous. Nous sommes des soldats de salon. Nous fuyons la bataille brutale du destin, où naît la force.

Si nos jeunes gens échouent dans leurs premières entreprises, ils perdent complètement courage. Si le jeune commerçant fait faillite, il est tenu pour *ruiné*. Si le génie le plus doué, à l'issue de ses études dans l'une de nos universités, n'a pas dans l'année son bureau à Boston ou à New York, ou dans leurs environs, il lui semble, comme à ses amis, qu'il a raison d'être découragé et de se plaindre à vie. Un solide garçon du New Hampshire ou du Vermont qui touche tour à tour à tous les métiers, qui mène un attelage, travaille dans une ferme, colporte, ouvre une école, prêche, crée un journal, siège au Congrès, achète une terre, et ainsi de suite, au fil des ans, et qui, comme un chat, retombe toujours sur ses pieds, vaut une centaine de ces poupées des villes. Il marche du même pas que ses journées, et n'éprouve aucune honte à ne pas "suivre une formation professionnelle", car il n'attend pas de vivre, il vit déjà. S'offrent à lui non pas une seule, mais une centaine de chances. Qu'un stoïcien révèle leurs ressources aux hommes, et leur fasse comprendre qu'ils ne sont pas des saules qui s'inclinent mais qu'ils peuvent et doivent se détacher[1]; qu'exercer sa confiance en soi (*the exercise of self-trust*) créera des pouvoirs nouveaux; qu'un homme est le verbe fait chair, né pour guérir les nations, qu'il devrait avoir honte de notre compassion et qu'à l'instant où il agit par lui-même, jetant les lois, les livres, les idolâtries et les traditions par la fenêtre, nous cessons d'avoir pitié de lui pour le remercier et l'admirer, – et ce maître

1. *Detach themselves.* Ou comme il le dit plus haut et dans le *Discours aux étudiants en théologie*: *être seuls*. Dans *Historic Notes of Life and Letters in New England*, évocation de la naissance du transcendantalisme dans les années 1820-40, Emerson insiste sur ce *détachement*: "Il y avait une nouvelle conscience. La génération précédente agissait en croyant qu'une brillante prospérité sociale était la béatitude de l'homme, et sacrifiait uniformément le citoyen à l'État. L'esprit moderne a cru que la nation existe pour l'individu [...] l'individu est le monde. Cette idée est un glaive comme on n'en avait encore jamais tiré. Il divise et détache l'os et la moelle, l'âme et le corps, et presque jusqu'à l'homme de lui-même. C'est l'époque de la séparation, de la dissociation, de la liberté, de l'analyse, du détachement. Chacun pour lui-même. [...] Cette génération est déterminée, emportée et rebelle; elle est fanatique de liberté; elle déteste les prélèvements, les impôts, les péages, les banques, les hiérarchies, les gouverneurs, et presque jusqu'aux lois. [...] L'époque tend à la solitude. L'association du moment est accidentelle, provisoire et hypocrite, le détachement intrinsèque et progressif".

redonnera sa splendeur à la vie, et laissera un nom cher à l'histoire entière.

Il est évident qu'une plus grande self-reliance[1] doit produire une révolution dans tous les domaines et toutes les relations des hommes : dans leur religion, leur éducation, leurs activités, leurs modes de vie, leur façon de s'associer, leurs biens, leurs conceptions.

1. Quelles prières les hommes s'autorisent-ils ! Ce qu'ils appellent un saint office n'est pas particulièrement brave ni viril. La prière se tourne vers l'extérieur et réclame quelque avantage étranger émanant d'une vertu étrangère, et se perd dans les labyrinthes sans fin du naturel et du surnaturel, de l'intercession et du miracle. La prière qui implore une faveur particulière – toute chose plus basse que le bien absolu – est un vice. Prier, c'est considérer les événements de la vie du point de vue le plus élevé. C'est le monologue d'une âme qui contemple et déborde de joie. C'est l'esprit de Dieu déclarant que ses œuvres sont bonnes. Mais la prière comme moyen d'obtenir un avantage personnel est une mesquinerie et un vol. Elle suppose un dualisme et non l'unité de

1. Dans la version de 1841, Emerson ajoutait cette incise : "une considération nouvelle pour la divinité dans l'homme".

la nature et de la conscience. Dès que l'homme ne fait qu'un avec Dieu, il ne mendie rien. Il voit que toute action est prière. La prière du fermier à genoux pour sarcler son champ, la prière du rameur à genoux maniant son aviron sont de vraies prières, qui résonnent dans toute la nature, si modeste soit leur but. Dans la *Bonduca* de Fletcher, Caratach, que l'on presse de recueillir les intentions du dieu Audate, réplique :

> "Son inclination cachée, nous la découvrirons dans nos efforts ;
> Nos actes de bravoure sont nos meilleurs dieux."

Une autre sorte de fausses prières : nos déplorations. Le mécontentement est un manque de self-reliance : c'est une infirmité de la volonté. Déplorez les calamités, si vous pouvez par là aider la victime ; sinon, occupez-vous de vos affaires, et déjà vous commencez à remédier au mal. Notre compassion n'est pas plus digne. On va vers ceux qui pleurent sottement, et on s'assoit pour pleurer avec eux, au lieu de leur apporter vérité et santé par de rudes secousses électriques et de les remettre en communication avec leur propre raison. Le secret du destin, c'est que la joie est entre nos mains. Qui s'aide lui-même est toujours le bienvenu chez les dieux et les hommes. Partout on lui ouvre grand les portes : tout le monde le salue, tous les honneurs le couronnent, tous les regards le suivent avec envie. Il a notre pressante affection, car il s'en est passé. Nous le flattons et le célébrons de notre sollicitude et de nos excuses, car il a suivi sa voie et méprisé notre réprobation. Les dieux l'aiment car les hommes l'ont haï. “Pour le mortel persévérant, dit Zoroastre, les bienheureux Immortels font vite.”

De même que les prières des hommes sont une maladie de la volonté, leurs croyances sont une maladie de l'intelligence. Ils sont comme ces Israélites qui eurent la sottise de dire : “Que Dieu ne nous parle pas, nous pourrions en mourir. Parle-nous, toi, ou quiconque, et nous obéirons.”[1] Partout je suis empêché de rencontrer Dieu dans la personne de mon frère, parce qu'il a fermé les portes de son propre temple et ne récite que les fables sur le Dieu de son frère, ou du frère de son frère. Chaque esprit nouveau est une classification nouvelle. Qu'apparaisse un esprit d'une puissance et

1. *Exode*, XX, 19.

d'une activité hors du commun, un Locke, un Lavoisier, un Hutton, un Bentham, un Fourier, il impose sa classification au monde – et voilà un nouveau système ! Plus sa pensée est profonde et partant plus le nombre d'objets qu'il englobe et met à la portée de ses disciples est important, plus il est satisfait. Mais c'est particulièrement manifeste en matière de croyances et d'églises, qui sont aussi des classifications produites par un esprit puissant, œuvrant sur les fondements de la morale et sur le rapport de l'homme au Très-Haut. C'est le cas du calvinisme, du quakerisme, du swedenborgisme. Le disciple prend le même plaisir à subordonner chaque chose à la nouvelle terminologie, qu'une jeune fille qui vient d'apprendre la botanique à découvrir ainsi une nouvelle terre et de nouvelles saisons. Il viendra un temps où le disciple s'apercevra que l'étude de la pensée de son maître a accru ses pouvoirs intellectuels. Mais pour tous les esprits mal équilibrés, la classification est un objet d'idolâtrie, elle passe pour la fin, et non pour un moyen qui peut vite trouver ses limites, au point qu'à leurs yeux, les murs du système se confondent, à l'horizon lointain, avec les murs de l'univers ; les luminaires du ciel leur semblent suspendus à l'arche bâtie par leur maître. Ils ne peuvent s'imaginer que vous, étrangers, ayez le droit de voir – et de quelle manière vous le pouvez : "Il faut que d'une façon ou d'une autre vous nous ayez volé la lumière." Ils ne perçoivent pas encore que la lumière, qui échappe à tout système et à toute maîtrise, perce dans toute cabane, même les leurs. Laissez-les pépier un peu et clamer qu'elle leur appartient. S'ils sont honnêtes et consciencieux, leur abri neuf et propre va bientôt s'avérer trop bas et trop étroit, va craquer, pencher, pourrir et disparaître, et la lumière immortelle, toute jeune et joyeuse, aux ondulations et couleurs infinies, rayonnera sur l'univers comme au premier matin.

2. C'est par manque de culture propre que la superstition du Voyage, dont les idoles sont l'Italie, l'Angleterre et l'Égypte, garde sa fascination sur tous les Américains cultivés. Ceux qui ont donné à l'Angleterre, l'Italie ou la Grèce une place vénérable dans l'imagination l'ont fait en restant fixés là où ils se trouvaient, comme un axe de la terre. Aux heures viriles, nous sentons que notre place, c'est le devoir. L'âme n'est pas voyageuse ; le sage reste chez lui, et quand ses besoins, ses obligations l'amènent à l'occasion à sortir ou à se rendre à l'étranger, il est encore chez lui, et

fait comprendre par sa contenance qu'il vient en missionnaire de la sagesse et de la vertu, et qu'il visite les villes et les hommes en souverain, et non en trafiquant ou en valet.

Je n'ai pas d'objection intraitable contre la circumnavigation du globe, si c'est par goût des arts, pour suivre des études ou pour la bienfaisance, de sorte qu'on ait d'abord des racines, ou qu'on ne se rende pas à l'étranger dans l'espoir de trouver quelque chose qui dépasse ce que l'on connaît. Celui pour qui le voyage est un divertissement ou une occasion d'acquérir ce qu'il n'a pas dans ses bagages voyage loin de lui-même et vieillit, si jeune soit-il, au milieu des vestiges. À Thèbes, à Palmyre, sa volonté et son esprit ont vieilli et sont aussi décrépits qu'elles. Il promène des ruines dans des ruines.

Voyager est un mirage. Nos premiers voyages nous révèlent l'indifférence des lieux. Chez moi, je rêve des beautés de Naples, de Rome, je crois qu'elles pourront m'enivrer et dissiper ma tristesse. Je fais mes malles, j'embrasse mes amis, je prends la mer, je me réveille enfin à Naples, et là, je trouve à mes côtés ce fait têtu : le moi triste, implacable, identique, que j'ai fui. Je cherche le Vatican et les palais. Je feins l'enthousiasme pour ces lieux célèbres, pour ce qu'ils inspirent, mais sans conviction. Mon géant me suit partout.

3. Mais la rage de voyager est le symptôme d'une fragilité plus profonde qui affecte l'ensemble de l'activité intellectuelle. L'intelligence est vagabonde, et notre système éducatif encourage l'agitation. Notre esprit voyage quand notre corps est obligé de rester à la maison. Nous imitons ; et qu'est-ce que l'imitation, sinon un voyage de l'esprit ? Nos maisons sont bâties selon un goût étranger ; nos étagères sont ornées d'objets étrangers ; nos opinions, nos goûts, nos facultés s'inclinent et suivent le Passé et le Lointain. L'âme a créé les arts partout où ils se sont épanouis. C'est dans son propre esprit que l'artiste cherchait son modèle. Il appliquait sa propre pensée à ce qu'il devait faire et aux conditions à respecter. Et pourquoi avons-nous besoin de copier le modèle dorique ou gothique ? Beauté, fonctionnalité, grandeur de la conception et originalité de l'expression nous sont aussi proches qu'à quiconque, et si l'artiste américain étudie avec espoir et amour ce qu'il doit précisément faire, en tenant compte du climat, du sol, de la longueur du jour, des besoins de la population, des habitudes et des formes du gouvernement, il créera

une demeure où tous ces éléments s'ajusteront et qui satisfera le goût comme le jugement.

Tenez-vous en à votre propre fonds, n'imitez jamais. Vos qualités propres, vous pouvez en disposer à tout moment, avec la force cumulative de ce qu'on a cultivé toute sa vie ; mais le talent emprunté à autrui, on ne l'a qu'en partie et sans préparation. Ce que chacun peut faire de mieux, nul ne peut le lui apprendre que son Créateur. Personne ne sait encore ce que c'est, ni ne peut le savoir avant qu'on l'ait produit. Où est le maître qui aurait pu former Shakespeare ? Où est le maître qui aurait pu guider Franklin, Washington, Bacon ou Newton ? Chaque grand homme est unique. Le scipionisme de Scipion est précisément cette part qu'il ne pouvait emprunter. Jamais Shakespeare ne naîtra de l'étude de Shakespeare. Faites ce qui vous est assigné, et vous pouvez tout espérer et tout oser. Il se trouve à cet instant pour vous un langage aussi noble et grand que celui du ciseau colossal de Phidias, de la truelle des Égyptiens, ou de la plume de Moïse ou de Dante, mais différent de tous. Il n'est pas possible que dans toute sa richesse et toute son éloquence, l'âme à la langue aux mille flammes daigne se répéter ; mais si vous pouvez entendre ce que disent ces patriarches, vous pouvez à coup sûr leur répondre sur le même ton; car l'oreille et la langue sont deux organes de même nature. Demeure dans les régions simples et nobles de ta vie, obéis à ton cœur, et tu reproduiras le Monde originel.

4. Tout comme notre religion, notre éducation et notre art, l'esprit de notre société se tourne vers l'ailleurs. Tout le monde se flatte d'améliorer la société, et nul ne s'améliore.

La société ne progresse jamais. Elle perd aussi rapidement d'un côté ce qu'elle gagne de l'autre. Elle subit des changements continuels; elle est barbare, elle est civilisée, christianisée, riche, scientifique; elle change mais ne s'améliore pas. Tout gain est compensé par une perte. La société acquiert des arts nouveaux mais perd de vieux instincts. Quel contraste entre l'Américain bien habillé, qui lit, écrit, pense, qui a dans la poche une montre, un crayon et une lettre de change, et l'habitant nu de la Nouvelle-Zélande, dont les biens se bornent à une massue, un javelot, une natte et, pour dormir, au vingtième d'un abri en indivision! Mais comparez la santé des deux hommes, et vous verrez que l'homme blanc a perdu sa force primitive. Si on en croit le voyageur, la plaie d'un sauvage à qui on a asséné un coup de hache se referme et guérit en un jour ou deux, comme si on avait frappé dans de la poix molle, alors que le même coup enverrait un blanc dans sa tombe.

L'homme civilisé s'est construit une voiture à cheval, mais il a perdu l'usage de ses pieds. Il se tient sur des béquilles, mais affaiblit d'autant le soutien de ses muscles. Il porte une belle montre de Genève, mais il ne saurait indiquer l'heure selon la position du soleil. Il dispose d'un almanach nautique de Greenwich, et certain d'y trouver l'information souhaitée, l'homme de la rue ne sait pas reconnaître une étoile dans le ciel. Il n'observe pas le solstice, n'en sait pas davantage sur l'équinoxe ; et pour tout le brillant calendrier de l'année, son esprit n'a pas de cadran solaire. Ses carnets réduisent sa mémoire ; ses bibliothèques surchargent son intellect ; la compagnie d'assurances augmente le nombre d'accidents ; et on peut se demander si les machines ne sont pas un fardeau, si, par raffinement, nous n'avons pas perdu en énergie et, sous un christianisme corseté dans ses normes et ses formes, en vigueur de vertu brute. Car chaque stoïcien était un stoïcien ; mais dans la chrétienté, où est le chrétien ?

La norme morale ne varie pas plus que les normes de taille ou de corpulence. Il n'y a pas de plus grands hommes aujourd'hui que par le passé. On peut observer une égalité singulière entre les grands hommes des premiers temps et ceux des derniers ; et toute la science, l'art, la religion et la philosophie du XIXe siècle ne sont pas en mesure de former des hommes qui dépassent en grandeur les héros de Plutarque, qui ont vécu voici vingt-trois ou vingt-quatre siècles. L'espèce ne s'améliore pas avec le temps. Phocion, Socrate, Anaxagore, Diogène sont de grands hommes, mais ils n'ont pas d'équivalents. Qui est vraiment de leur trempe ne portera pas leur nom : il se fera lui-même et sera, à son tour, un fondateur d'école. Les arts et les inventions de chaque période n'en sont que le costume d'époque, et ne fortifient pas les hommes. Le mal causé par une innovation mécanique peut en contrebalancer le bénéfice. Béring et Hudson ont mené si loin leurs bateaux de pêche qu'ils faisaient la stupeur de Parry et Franklin, équipés de toutes les ressources de la science et de la technique. Galilée, avec des jumelles de théâtre, a découvert une série de phénomènes célestes d'une splendeur encore sans égale. Christophe Colomb a trouvé le Nouveau Monde sur un bateau non ponté. C'est une chose curieuse de voir périodiquement tomber en désuétude et disparaître des moyens et des machines apparus dans un concert de louanges quelques années ou quelques siècles auparavant. Le grand génie retourne à l'homme essentiel. On a compté les progrès de l'art de la guerre dans les triomphes de la science, et pourtant Napoléon a conquis l'Europe par le bivouac, ce qui consistait à en revenir au courage pur et à le désencombrer de tout appui. L'Empereur tenait pour impossible de dresser une armée parfaite, dit Las Cases, sans supprimer "nos fours, nos magasins, nos administrations, nos voitures. Il n'y aurait d'armée que quand, à l'imitation des Romains, le soldat recevrait son blé, aurait des moulins à bras, cuirait son pain sur sa petite platine"[1].

La société est une vague. C'est la vague qui avance, non l'eau qui la compose. La même particule ne s'élève pas du creux jusqu'à la crête. Son unité n'est qu'apparente. Les individus qui forment une nation à un moment donné meurent l'année suivante, et leur expérience avec eux.

1. *Mémorial de Sainte-Hélène*. Le texte cité par Emerson traduit fidèlement l'original (sauf pour le mot *fours*, paradoxalement traduit par *arms* – la traduction dont disposait Emerson porte en effet *arms*), de sorte qu'on peut reprendre les propres mots de Las Cases.

C'est pourquoi la dépendance (*reliance*) à l'égard de la Propriété, qui suppose la dépendance à l'égard des gouvernements qui la protègent, est un manque de self-reliance. Les hommes se sont si longtemps détournés d'eux-mêmes pour ne s'intéresser qu'aux choses qu'ils en sont venus à considérer les institutions religieuses, savantes et civiles comme des gardiennes de la propriété, et ils refusent que l'on y porte atteinte parce qu'ils croient que c'est porter atteinte à la propriété. Ils s'estiment les uns les autres selon ce que chacun a, et non selon ce que chacun est. Mais un homme de culture prend honte de ses biens dès lors qu'il fait preuve d'une considération nouvelle pour sa nature. Ils lui deviennent particulièrement odieux quand il en voit l'origine accidentelle – acquis par héritage, don ou crime ; il sent alors que ce n'est pas une vraie possession, ils ne lui appartiennent pas, n'ont pas de racines en lui et se trouvent là uniquement parce qu'aucun voleur ni aucune révolution ne s'en empare. Mais les acquisitions de ce qu'on est sont absolues, et ce qu'on acquiert est un bien vivant, qui n'est pas soumis aux souverains, aux foules, aux révolutions, à l'incendie, à la tempête ou aux faillites, mais se renouvelle perpétuellement partout où l'homme respire. "Ton sort ou ta part de vie, disait le calife Ali, est à ta recherche ; épargne-toi donc la peine de le chercher." Notre dépendance vis-à-vis de ces biens étrangers nous conduit au respect servile que nous avons pour les nombres. Les partis politiques rassemblent des foules lors de leurs congrès ; plus les salles sont pleines, et, à chacune des tonitruantes acclamations qui suivent les annonces – La délégation d'Essex ! Les Démocrates du New Hampshire ! Les Whigs[1] du Maine ! –, plus le jeune patriote se sent fortifié d'un nouveau millier d'yeux et de bras. De la même façon, les réformateurs organisent des congrès, votent et décident en foule. Ce n'est pas ainsi, ô mes amis ! que le Dieu daignera venir vous habiter, mais par une méthode exactement inverse. Ce n'est que quand un homme rejette tout appui étranger et se tient seul que je le vois être une force et l'emporter. Il s'affaiblit à chaque recrue qui rejoint sa bannière. Un homme n'est-il pas

1. Aux États-Unis, le parti whig a été pendant deux décennies (1834-1856) l'ancêtre du parti républicain. Le terme *whig*, qui en Angleterre désignait les progressistes, opposés aux *tories*, s'était d'abord appliqué aux partisans de l'indépendance américaine.

meilleur qu'une ville? Ne demande rien aux hommes, et, bientôt, dans le changement sans fin, tu ne manqueras pas, seul pilier solide, d'apparaître comme le soutien de tout ce qui t'entoure. Celui qui sait que la puissance est innée, qui perçoit qu'il est faible parce qu'il a cherché le bien ailleurs qu'en lui-même et se jette alors sans hésiter sur sa pensée, aussitôt se reprend, se tient droit, se maîtrise et produit des miracles; tout comme on est plus ferme en se tenant sur ses pieds que sur sa tête.

Ainsi faut-il en user avec tout ce qu'on appelle la Fortune. La plupart des hommes jouent avec elle, et gagnent tout, puis perdent tout, comme sa roue tourne. Mais ces gains, laisse-les, tiens-les pour illégaux, et traite avec la Cause et l'Effet, ces chanceliers de Dieu. C'est dans la Volonté qu'il faut œuvrer et acquérir: tu enchaînes ainsi la roue de la Chance, et ne crains plus ses rotations. Une victoire politique, une augmentation de vos revenus, la guérison d'un proche ou le retour d'un ami absent, ou tout autre événement favorable, vous remontent le moral, et vous pensez que d'heureux jours se préparent pour vous. N'en croyez rien. Rien ne peut vous apporter la paix que vous-même. Rien ne peut vous apporter la paix que le triomphe des principes.

NOTICE

SELF-RELIANCE est le deuxième des douze essais (*History*, *Self-Reliance*, *Compensation*, *Spiritual Laws*, *Love*, *Friendship*, *Prudence*, *Heroism*, *The Over-Soul*, *Circles*, *Intellect*, *Art*) rassemblés dans le volume *Essays* publié en 1841 (Boston, James Munroe). En 1844 paraissent huit nouveaux essais suivis du texte d'une conférence (*New England Reformers*) : *Essays, Second Series*. Une édition révisée des premiers essais de 1841 voit le jour en 1847, sous le titre *Essays, First Series. New edition*. Emerson a apporté une centaine de modifications mineures à son texte initial, qui dépassent rarement l'échelle de la phrase. Seul un paragraphe (celui sur le *fait ultime*) a été plus sensiblement rectifié. La moitié de ces modifications sont des suppressions (de mots ou de phrases) ou des réductions. Il a aussi inversé des membres de phrases ou cherché un mot plus juste. Ces modifications portent donc essentiellement sur le style. À Emma Lazarus, qui lui adressait ses poèmes, il écrivait : "Vous devez supprimer tous les vers et tous les mots dont vous pouvez vous passer, et ainsi gagner en force" (lettre du 9 juillet 1869).

Emile Montégut (*Essais de philosophie américaine*, 1851) et Marie Mali (*Sept essais*, 1894) ont traduit *self-reliance* par *confiance en soi* (*Confiance en soi-même* pour M. Mali), de même que Monique Bégot (*La Confiance en soi et autres essais*, Rivages Poche, 2000) et Christian Fournier (dans *La Voix et la Vertu*, dir. Sandra Laugier, PUF, 2010, le titre français suivi du terme original en italique et entre parenthèses). Anne Wicke (*Essais*, Houdiard, 1997) l'a traduit par *Confiance et autonomie*, ce qui est plus fidèle, *self-reliance* dénotant aussi l'autonomie d'une personne ou l'indépendance alimentaire, énergétique (*food self-reliance, energy self-reliance*) etc., d'une région ou d'un pays.

Le terme *self-reliance* a deux acceptions : 1. *confiance en soi*, et il est alors synonyme de *self-trust*, *self-confidence* ; 2. *recours à ses propres capacités d'agir et de juger, indépendamment d'autrui*, et il est alors synonyme de *self-help*, *self-sufficiency* ou *independence*. Une traduction plus juste serait donc : *confiance active en soi*, *recours confiant à soi*, *soi-même comme ressource fiable*, – le mieux serait peut-être *aptitude confiante à compter sur soi.* "Pourquoi donc, remarque d'ailleurs Emerson, tout ce bavardage à propos de self-reliance ? Autant l'âme est présente, autant vous disposez d'un pouvoir non pas confiant mais agissant. Ce mot de confiance est faible et extérieur. Parlez plutôt de ce qui se fie, parce que cela œuvre et cela est".

C'est ce second sens qui prévaut dans l'usage courant, la presse, le discours politique. "Vous êtes intelligents, lançait Lincoln dans l'un de ses discours, et vous savez que le succès ne dépend pas tant d'une aide extérieure que de *self-reliance*. Beaucoup, par conséquent, dépend de vous-mêmes." Thoreau, dans son essai sur la *Désobéissance civile*, ironisait sur "l'Américain qui s'est réduit à n'être qu'un membre d'une amicale d'Odd Fellows, – quelqu'un qu'on peut reconnaître à son organe grégaire hypertrophié, et à un manque manifeste d'intelligence et de joyeuse self-reliance ; [...] qui en bref ne se risque à vivre qu'avec l'assistance de la Compagnie d'Assurances Mutuelles, qui lui a promis un enterrement décent". Barack Obama, au soir de son élection, le 4 novembre 2008, appelait à se souvenir que c'est "un homme [Lincoln] de cet État [l'Illinois] qui, le premier, a porté la bannière du Parti Républicain à la Maison Blanche, un parti fondé sur les valeurs de self-reliance, de liberté individuelle et d'unité nationale. Ce sont des valeurs que nous partageons tous".

Plutôt que de chercher un équivalent plus ou ou moins satisfaisant, il semble préférable d'emprunter le terme original. Il est singulier que des mots tels que *self-control* ou *self-made-man* soient entrés dans le vocabulaire français dès la fin du XIXe siècle (à l'époque où Proust écrivait : "Je suis encore couché lisant Emerson avec ivresse"), et que nos dictionnaires persistent à ignorer *self-reliance* au début du XXIe siècle.

STÉPHANE THOMAS

DANS LA MÊME COLLECTION

Anonyme, *À fleur de peau*
Anonyme, *Bhagavad-Gītā*
Anonyme, *Confession sexuelle d'un anonyme russe*
Anonyme, *Les Confessions d'un travesti*
Anonyme, *Coplas*
Anonyme, *Dirty Comics I*
Anonyme, *Dirty Comics II*
Anonyme, *L'École des filles I*
Anonyme, *L'École des filles II*
Anonyme, *La Fameuse Comédienne*
Anonyme, *Incitation à l'amour de Dieu*
Anonyme, *Journal d'un morphinomane*
Anonyme, *Manuel de défense civile*
Anonyme, *Les Rêveries du toxicomane solitaire*
Anonyme, *Rapport secret du Pentagone sur le changement climatique*
Anonyme, *Vivent les voleurs !*
Anonyme, *La Voie suprême selon le yoga tibétain*
Theodor W. Adorno, *Amorbach*
Theodor W. Adorno, *Le Caractère fétiche dans la musique*
Theodor W. Adorno, Max Horkheimer, *Kulturindustrie*
Al-Fârâbî, *De l'obtention du bonheur*
Al-Fârâbî, *La Philosophie de Platon*
Al-Kindi, *De Radiis*
René Alleau, *Alchimie*
Günther Anders, *Et si je suis désespéré, que voulez-vous que j'y fasse ?*
Günther Anders, *George Grosz*
Joanne Anton, *Le Découragement*
Joanne Anton, *Liège, oui*
François Arago, *Le Daguerréotype*
Louis Aragon / Benjamin Péret / Man Ray, *1929*
Hannah Arendt, *Walter Benjamin 1892-1940*
Pierre Arétin, *La Ruffianerie*
Pierre Arétin, *L'Éducation de la Pippa*
Pierre Arétin, *Les Roueries des hommes*
Aristote, *Problème XXX*
Pierre Auriol, *La Fin du voyage*
Thérèse d'Avila, *Je vis mais sans vivre en moi-même*
Georges Bataille, *La Mutilation sacrificielle et l'oreille coupée de Vincent Van Gogh*
Roberto Bazlen, *Trieste*
Honoré de Balzac, *Sarrasine*

Bruce Bégout, *Zéropolis*
Bruce Bégout, *Lieu commun*
Bruce Bégout, *De la décence ordinaire*
Bruce Bégout, *Le ParK*
Hans Bellmer, *Petite Anatomie de l'image*
Walter Benjamin, *Petite Histoire de la photographie*
Walter Benjamin, *L'Œuvre d'art à l'époque de sa reproductibilité technique*
Walter Benjamin, *Paris, capitale du XIXe siècle*
Walter Benjamin, *Rue à sens unique*
Walter Benjamin, *Karl Kraus*
Jeremy Bentham, *De la torture*
Olivier Benyahya, *Zimmer*
Michèle Bernstein, *Tous les chevaux du roi*
Gérard Berréby, *Joker & Mat*
Gérard Berréby, *La Banlieue du monde*
Gérard Berréby, *Stations des profondeurs*
Rachel Bespaloff, *De l'Iliade*
David Bessis, *Sprats*
David Bessis, *Ars grammatica*
Burkhard Bilger, *À dada*
Jean François Billeter, *Chine trois fois muette*
Jean François Billeter, *Contre François Jullien*
Jean François Billeter, *Esquisses*
Jean François Billeter, *Leçons sur Tchouang-tseu*
Jean François Billeter, *Lichtenberg*
Jean François Billeter, *Notes sur Tchouang-tseu et la philosophie*
Jean François Billeter, *Trois essais sur la traduction*
Jean François Billeter, *Un paradigme*
Jean François Billeter, *Une autre Aurélia*
Jean François Billeter, *Une rencontre à Pékin*
Marc Bloch, *Réflexions d'un historien sur les fausses nouvelles de la guerre*
Ernst Bloch, *L'Angoisse de l'ingénieur*
Alexandre Blok, *Douze*
Marcel Body, *Les Groupes communistes français de Russie 1918-1921*
Jean-Jacques Bonvin, *Ballast*
Jean-Jacques Bonvin, *Larsen*
David Bosc, *Sang lié*
Jacques-Bénigne Bossuet, *Bernard, que prétends-tu dans le monde ?*
Grégoire Bouillier, *Rapport sur moi*
Grégoire Bouillier, *L'Invité mystère*
Michel Bounan, *Incitation à l'autodéfense*
Michel Bounan, *L'État retors*
Michel Bounan, *L'Art de Céline et son temps*
Michel Bounan, *L'Impensable, l'indicible, l'innommable*

Michel Bounan, *La Vie innommable*
Michel Bounan, *Sans valeur marchande*
Michel Bounan, *Logique du terrorisme*
Michel Bounan, *Le Temps du sida*
Michel Bounan, *L'Or du temps*
Hermann Broch, *Quelques remarques à propos du kitsch*
Thomas Browne, *Lettre à un ami*
Giordano Bruno, *De la magie*
Giordano Bruno, *Des liens*
Tina Bueno, *La Mer*
William S. Burroughs, *Révolution électronique*
Lord Byron, *Caïn*
Lord Byron, *Manfred*
Lord Byron, *Poèmes*
John Cage, *Confessions d'un compositeur*
John Cage, *Rire et se taire*
Giulio Camillo, *Le Théâtre de la mémoire*
Dino Campana, *Chants orphiques*
Duncan Campbell, *Surveillance électronique planétaire*
Georges Canguilhem, *Vie et mort de Jean Cavaillès*
Bill Cardoso, *KO à la 8e reprise*
Giacomo Casanova, *Le Duel*
Giacomo Casanova, *Ma voisine, la postérité*
Giacomo Casanova, *Soliloque d'un penseur*
Giacomo Casanova, *Lana Caprina*
Giacomo Casanova, *Histoire de ma fuite des prisons de Venise*
Éric Chauvier, *Anthropologie*
Éric Chauvier, *Contre Télérama*
Éric Chauvier, *Le Revenant*
Éric Chauvier, *Les Mots sans les choses*
Éric Chauvier, *Les Nouvelles Métropoles du désir*
Éric Chauvier, *Si l'enfant ne réagit pas*
Guillaume Chauvin, Rémi Hubert, *Aucun détour ne ment*
Guillaume Chauvin, *La Faute aux photos*
Victor Chklovski, *L'Art comme procédé*
Noam Chomsky, *Sur le contrôle de nos vies*
Cicéron, *Sans la raison nous ne sommes que folie*
Anté Ciliga, *L'Insurrection de Cronstadt et la destinée de la Révolution russe*
Bernard de Clairvaux, *Qu'il me baise d'un baiser de sa bouche !*
Thomas Clerc, *Maurice Sachs le désœuvré*
Richard Cobb, *Marseille*
Jean Cocteau, *Le Cordon ombilical*
Nik Cohn, *Je suis toujours le plus grand dit Johnny Angelo*
Nik Cohn, *Soljas*
Samuel Taylor Coleridge, *Notebooks*

Colerus / Lucas, *Vies de Spinoza*
Bruno Corra, *Sam Dunn est mort*
Astolphe de Custine, *Résumé du voyage en Russie*
Harry Crews, *Descente à Valdez*
Cyber Trash Critic, *Je suis le peuple qui manque*
Arsène Darmesteter, *Le Talmud*
George-H. Darwin, *L'Évolution dans le vêtement*
René Daumal, *La Grande Beuverie*
Mike Davis, *Au-delà de Blade Runner*
Giacomo Debenedetti, *16 octobre 1943*
Étienne-Jean Delécluze, *Le Mécanicien roi*
Thomas De Quincey, *Les Derniers Jours d'Emmanuel Kant*
Robert Desnos, *Jack l'éventreur*
Denis Diderot, *Lettre historique & politique adressée à un magistrat sur le commerce de la librairie*
John Donne, *Paradoxes & problèmes*
Marc Downham, *Cyberpunk*
Ralph Waldo Emerson, *La Nature*
Friedrich Engels, *Esquisse d'une critique de l'économie politique*
Hans Magnus Enzensberger, *Les Rêveurs de l'absolu*
Mansour Fahmy, *La Condition de la femme dans l'Islam*
Marsile Ficin, *Quid sit lumen*
Pavel Florenski, *Hamlet*
Hélène Frappat, *Sous réserve*
Hélène Frappat, *Par effraction*
Alexandre Friederich, *easyJet*
Alexandre Friederich, *Fordetroit*
Joseph Gabel, *Mensonge et maladie mentale*
Joseph Gabel, *La Réification*
Hans-Georg Gadamer, *Nietzsche l'Antipode*
Federico García Lorca, *Complaintes gitanes*
Federico García Lorca, *Les Berceuses*
Eugenio Garin, *Hermétisme et Renaissance*
Eugenio Garin, *Machiavel entre politique et histoire*
Roger Gilbert-Lecomte, *Monsieur Morphée*
Arnaldo Ginna, *Les Locomotives avec des chaussettes*
Goethe, *La Fête de saint Roch à Bingen*
Nicolas Gogol, *Le Nez*
David Grann, *The Yankee Comandante*
Pierre Hadot, *Éloge de la philosophie antique*
Pierre Hadot, *Éloge de Socrate*
J.B.S. Haldane & Bertrand Russell, *Dédale & Icare*
Raoul Hausmann, *Hourra ! Hourra ! Hourra !*
Raoul Hausmann, *Sensorialité excentrique*
Nathaniel Hawthorne, *L'Artiste du beau*
Nathaniel Hawthorne, *Le Hall de l'imagination*

William Hazlitt, *Du plaisir de haïr*
Werner Heisenberg, *Le Manuscrit de 1942*
David Hume, *Abrégé du Traité de la nature humaine*
Moshe Idel, *Les Kabbalistes de la nuit*
Wolfgang Iser, *L'Appel du texte*
Lars Iyer, *Nu dans ton bain face à l'abîme*
Ian Jack, *Klever Kaff*
Roman Jakobson, *La Génération qui a gaspillé ses poètes*
Hans Robert Jauss, *Petite Apologie de l'expérience esthétique*
Jarig Jelles, *Préface aux Œuvres posthumes de Spinoza*
Samuel Johnson, *Le Paresseux*
Paul Joostens, *Salopes*
Asger Jorn, *La Genèse naturelle*
Sören Kierkegaard, *Diapsalmata*
Jamie Lincoln Kitman, *L'Histoire secrète du plomb*
Pauline Klein, *Alice Kahn*
Pauline Klein, *Fermer l'œil de la nuit*
Pauline Klein, *Les Souhaits ridicules*
Kobayashi Takiji, *Le Bateau-usine*
Alexandre Koyré, *Réflexions sur le mensonge*
Alexandre Koyré, *La Cinquième Colonne*
Alexandre Koyré, *Paracelse*
Alfred Kubin, *Le Cabinet de curiosités*
Alfred Kubin, *Le Travail du dessinateur*
Alfred Kubin, *Ma vie*
Serge La Barbera, *Un sentiment d'imposture*
Serge La Barbera, *Microfilm 2mi354*
Serge La Barbera, *Le Syndrome de Salammbô*
Jean-Yves Lacroix, *Le Cure-dent*
Paul Lafargue, *Le Droit à la paresse*
Isidoro La Lumia, *Histoire de l'expulsion des Juifs de Sicile*
Tommaso Landolfi, *Les Deux Vieilles Filles*
W. S. Landor, *Conversation imaginaire entre Diogène et Platon*
Daniel Lang, *Incident sur la colline 192*
Valery Larbaud, *Lettre d'Italie*
Hadrien Laroche, *Les Orphelins*
Arthur Larrue, *Partir en Guerre*
Laure, *Le Triste Privilège ou une vie de conte de fée*
D.H. Lawrence, *La Beauté malade*
Nathalie Léger, *Les Vies silencieuses de Samuel Beckett*
Michel Leiris, *Le Sacré dans la vie quotidienne*
Giacomo Leopardi, *"Adieu ma chère pillule"*
Giacomo Leopardi, *Huit Petites Œuvres morales inédites*
Giacomo Leopardi, *Journal du premier amour*
Giacomo Leopardi, *Discours sur l'état actuel des mœurs des Italiens*
Giacomo Leopardi, *Palinodie*

Giacomo Leopardi, *Pensées*
Giacomo Leopardi, *Tu ne sais donc pas que je suis un grand homme ?*
Ben Lerner, *La Haine de la poésie*
Ben Lerner, *Le Cavalier polonais*
Jules Lequier, *Comment trouver, comment chercher une première vérité ?*
Emmanuel Le Roy Ladurie, *La Civilisation rurale*
Jean Levi, *Propos intempestifs sur le Tchouang-tseu*
Sylvain Lévi, *Génie de l'Inde*
Prince de Ligne, *Fragment sur Casanova*
Hélène Ling, *Lieux-dits*
Jack London, *Pour cent dollars de plus*
Pierre Louÿs, *Manuel de civilité pour les petites filles*
Pierre Louÿs, *Pybrac*
Malcolm Lowry, *Merci infiniment*
Leopoldo Lugones, *Des forces étranges*
Pierre Mabille, *Thérèse de Lisieux*
Maïmonide, *Lettre sur l'astrologie*
Kazimir Malévitch, *La Paresse comme vérité effective de l'homme*
Bronislaw Malinowski, *La Paternité dans la psychologie primitive*
Oscar Mandel, *Être ou ne pas être juif*
Ossip Mandelstam, *Nouveaux Poèmes 1930-1934*
Piero Manzoni, *Contre rien*
Greil Marcus, *Sly Stone, le mythe de Staggerlee*
Claire Marin, *Hors de moi*
Karl Marx, *Le Caractère fétiche de la marchandise et son secret*
Karl Marx, *Contribution à la critique de la philosophie du droit de Hegel*
Francesco Masci, *Superstitions*
Francesco Masci, *Entertainment !*
Francesco Masci, *Traité anti-sentimental*
Francesco Masci, *L'Ordre règne à Berlin*
Guy de Maupassant, *Contes sur le suicide*
James McGuire & Piyo Rattansi, *Newton et la flûte de Pan*
Lorenzino de Médicis, *Apologie*
Herman Melville, *Bartleby*
Herman Melville, *Le Paradis des célibataires*
Franz Anton Mesmer, *Mémoire sur la découverte du magnétisme animal*
Henry Miller, *Lire aux cabinets*
Comte de Mirabeau, *Hic & Hec*
Valérie Mréjen, *L'Agrume*
Valérie Mréjen, *Mon Grand-père*
Valérie Mréjen, *Eau sauvage*
Robert Musil, *De la bêtise*

Friedrich Nietzsche, *Fragments posthumes sur l'éternel retour*
Friedrich Nietzsche, *La Vision dionysiaque du monde*
Friedrich Nietzsche, *Le Cas Wagner*
Friedrich Nietzsche, *Première Considération inactuelle*
Jean Norton Cru, *Du témoignage*
Novalis, *Le Monde doit être romantisé*
José Ortega y Gasset, *La Déshumanisation de l'art*
José Ortega y Gasset, *Le Mythe de l'homme derrière la technique*
José Ortega y Gasset, *L'Histoire comme système*
José Ortega y Gasset, *Méditation sur la technique*
Patrik Ourednik, *Europeana*
Patrik Ourednik, *Hier et après-demain*
Patrik Ourednik, *Histoire de France. À notre chère disparue*
Patrik Ourednik, *Instant propice, 1855*
Patrik Ourednik, *Le Silence aussi*
Franz Overbeck, *Souvenirs sur Friedrich Nietzsche*
Paillot de Montabert, *Dissertation sur les peintures du Moyen Âge*
Clément Pansaers, *L'Apologie de la paresse*
Clément Pansaers, *Bar Nicanor*
Clément Pansaers, *Le Pan pan au cul du nu nègre*
Kostas Papaioannou, *De la critique du ciel à la critique de la terre*
Kostas Papaioannou, *Hegel et Marx : l'interminable débat*
Lucius de Patras, *L'Âne*
Jean Paulhan, *Lettre à un jeune partisan*
Péchon de Ruby, *La Vie généreuse des Mercelots, Gueux et Bohémiens*
Joséphin Péladan, *De l'androgyne*
Francis Picabia, *Jésus-Christ Rastaquouère*
Edgar Allan Poe, *Marginalia*
Edgar Allan Poe, *Habitations imaginaires*
Edgar Allan Poe, *Le Joueur d'échecs de Maelzel*
Alexandre Pouchkine, *La Roussalka*
Yan Pradeau, *Algèbre*
Dolores Prato, *Brûlures*
François Rabelais, *Traité de bon usage de vin*
H. R. Rabinowitz, *Kosher Humor*
Samson Raphaelson, *Amitié*
Paul-Ernest de Rattier, *Paris n'existe pas*
Jil de Rauc, *Théorie du crime parfait*
Félix Ravaisson, *De l'habitude*
Félix Ravaisson, *Testament philosophique*
Giuseppe Rensi, *Spinoza*
David Ricardo, *Valeur absolue et valeur d'échange*
Denys Ridrimont, *Lettre à Anne*
Aloïs Riegl, *Le Culte moderne des monuments*
Rainer Maria Rilke, *Élégies de Duino*

Rainer Maria Rilke, *La Mélodie de l'amour et de la mort du cornette Christoph Rilke*
Oliver Rohe, *Défaut d'origine*
Oliver Rohe, *Terrain vague*
Henri Rollin, *Une mystification mondiale*
Pio Rossi, *Dictionnaire du mensonge*
Bertrand Russell, *Éloge de l'oisiveté*
Luigi Russolo, *L'Art des bruits*
Han Ryner, *Petit Manuel individualiste*
Nelly Sachs, *Lettres en provenance de la nuit*
Sebastián Salazar Bondy, *Lima l'horrible*
Sappho, *L'Égal des dieux*
Alberto Savinio, *L'Intensité dramatique de Leopardi*
Alberto Savinio, *Dix procès*
Meyer Schapiro, *La Nature de l'art abstrait*
Bertrand Schefer, *L'Âge d'or*
Gershom Scholem, *Le Nom de Dieu et la théorie kabbalistique du langage*
Alfred Schütz, *Don Quichotte et le problème de la réalité*
Alfred Schütz, *L'Étranger*
Kurt Schwitters, *Auguste Bolte*
Kurt Schwitters, *La Loterie du jardin zoologique*
Marcel Schwob, *Études sur l'argot français*
Marcel Schwob, *Le Livre de Monelle*
Marcel Schwob, *François Rabelais*
William Shakespeare, *Vénus et Adonis*
Georg Simmel, *Le Pauvre*
Georg Simmel, *Philosophie de la mode*
Georg Simmel, *Psychologie de l'argent*
Georg Simmel, *Rome, Florence, Venise*
Sergio Solmi, *La Santé de Montaigne*
Boris Souvarine, *Sur Lénine, Trotsky et Staline*
Baruch Spinoza, *De la droite manière de vivre*
Baruch Spinoza, *Traité de l'amendement de l'intellect*
Hilary Spurling, *La Grande Thérèse*
Robert Louis Stevenson, *Will du moulin*
Robert Louis Stevenson, *Une apologie des oisifs*
Robert Louis Stevenson, *Virginibus Puerisque*
Patrick Straram, *Les Bouteilles se couchent*
Leo Strauss, *Le Platon de Fârâbî*
Leo Strauss, *Pourquoi nous restons juifs*
Leo Strauss, *Sur une nouvelle interprétation de la philosophie politique de Platon*
Italo Svevo, *Sur James Joyce*
Karel Teige, *Le Marché de l'art*
Karel Teige, *Liquidation de l'art*

Boris Terk, *A voice is a person*
Stefan Themerson, *Les Aventures de Peddy Bottom*
Stefan Themerson, *Ouah ! Ouah ! ou Qui a tué Richard Wagner ?*
Michael Thomas, Adriaan Boot, *Babylon on a thin Wire*
François Tison, *Farcissures*
Alexis de Tocqueville, *Sur le paupérisme*
John Toland, *Clidophorus*
Tatiana Tolstoï, *Sur mon père*
Giuseppe Tomasi di Lampedusa, *Byron*
Giuseppe Tomasi di Lampedusa, *Shakespeare*
Giuseppe Tomasi di Lampedusa, *Stendhal*
Nick Tosches, *Confessions d'un chasseur d'opium*
Nick Tosches, *Réserve ta dernière danse pour Satan*
Élie Treese, *Ni ce qu'ils espèrent, ni ce qu'ils croient*
Nat Turner, *Confessions*
Miguel de Unamuno, *Comment se fait un roman*
Kees Van Dongen, *La Vie de Rembrandt*
Lope de Vega, *Soliloques amoureux d'une âme à Dieu*
Yvonne Verdier, *Le Petit Chaperon rouge dans la tradition orale*
Giambattista Vico, *Vici Vindiciae*
Giambattista Vico, *Vie de Giambattista Vico écrite par lui-même*
Jordi Vidal, *Résistance au chaos*
Jordi Vidal, *Servitude & simulacre*
Antonio Vieira, *Sermon du bon larron*
Alexandre Vvedenski, *Un sapin de Noël chez les Ivanov*
Wilhelm Waiblinger, *Vie, poésie et folie de Friedrich Hölderlin*
Daniel P. Walker, *Prisca theologia*
Lindsay Waters, *L'Éclipse du savoir*
Max Weber, *La Bourse*
Oscar Wilde, *La Ballade de la geôle de Reading*
Oscar Wilde, *Le Déclin du mensonge*
Johann Joachim Winckelmann, *Réflexions sur l'imitation des œuvres grecques en peinture et en sculpture*
Gerrard Winstanley, *L'Étendard déployé des vrais niveleurs*
Sarah Helen Whitman, *Edgar Poe et ses critiques*
Patrick Wotling, *La Pensée du sous-sol*
Frances A. Yates, *Science et tradition hermétique*
Yosef Hayim Yerushalmi, *Serviteurs des rois et non serviteurs des serviteurs*
Jan Zabrana, *Toute une vie*

ACHEVÉ D'IMPRIMER
DANS L'UNION EUROPÉENNE
POUR LE COMPTE DES ÉDITIONS ALLIA
EN JANVIER 2019

ISBN : 979-10-304-0939-0
DÉPÔT LÉGAL : AOÛT 2018

1re ÉDITION : AOÛT 2018
2e ÉDITION : JANVIER 2019